Schlechter Sex 2

W0074034

Mia Ming

Schlechter Sex 2

*33 Männer berichten über
ihre lustigsten, peinlichsten
& absurdesten Erlebnisse*

Schwarzkopf & Schwarzkopf

FÜR E.V.J.

Inhalt

O Frau! Die Phantasie hat Grenzen,
sie ist so eng – es gibt nicht viel.
Nach wenigen Touren, wenigen Tänzen
ists stets das alte, gleiche Spiel.
KASPAR HAUSER: WIDER DIE LIEBE

Lieber Leser,

dies ist ein Buch für Männer! Denn hier wird Klartext geredet. Dreiunddreißig mutige Männer berichten mal nicht über ihre Höchstleistungen im Schlafzimmer, sondern sprechen offen über schlechten Sex, und zwar den eigenen. Sie erzählen von hässlichen Erlebnissen mit dem schönen Geschlecht und der täglichen Herausforderung, ihre Männlichkeit gegen die Beleidigungen, Vorurteile und sonstige Angriffe einer zunehmend femininen Welt zu verteidigen.

Sie erzählen, wo die Trennlinie zwischen Leidenschaft und Hass verläuft und wie schwer die Gratwanderung zwischen Selbstverwirklichung und Selbstsucht fällt. Und sie gestehen, wie hart der Kampf um ein wenig Spaß manchmal sein kann.

Hier treffen männliche Vorstellungen und weibliche Forderungen aufeinander, die mit beeindruckender Regelmäßigkeit in die Katastrophe führen. Die Katastrophe heißt schlechter Sex. Sie mündet in verstörende sexuelle Erfahrungen mit Frauen, die mit schlafwandlerischer Sicherheit alles tun, um hilflosen Männern die schlimmste Nacht ihres Lebens zu bereiten.

Nach »Schlechter Sex 1« lässt der zweite Teil endlich die Männer zu Wort kommen. Denn sie können die Vorwürfe der Frauen nicht einfach auf sich sitzen lassen, ganz im Gegenteil, sie haben einiges dazu zu sagen. Vor allem, dass sie nicht allein schuld sind – zumindest sicherlich nicht immer.

Berlin, im Herbst 2008   *Mia Ming*

Liebe Leserin,

dies ist ein Buch für Frauen! Denn hier lassen Männer die Hose runter. Nach »Schlechter Sex 1« widmet sich der zweite Teil den Männern und ihrem Bedürfnis, endlich mit alten Vorurteilen und Klischees aufzuräumen. Da sind wir gespannt.

Ihre Berichte sind unterhaltsam und lassen sich sinnvoll nutzen. Als Anleitung, wie es besser nicht laufen sollte beim Sex oder als Inspiration, wie sich eine furchtbare gemeinsame Nacht doch noch retten lässt. Außerdem bieten sie einen unverfälschten Blick in die Gedanken- und Gefühlswelt des Mannes. In den Geschichten wird deutlich, wie leicht er Wunsch und Wirklichkeit verwechselt und wie unbedacht er seinem Trieb folgt. Aber leider auch wie ungeschickt und fantasielos Frauen sein können.

Sie zeigen, woher Männer Kraft für die nächste Niederlage schöpfen und warum Männer nicht gerne zwischen Wollen und Können unterscheiden. Was die Frauen in diesem Buch anstellen, ist sicherlich nicht nachahmenswert, denn auch Frauen sind nicht gegen die Todsünden des Sex gefeit. Einigen fehlt es einfach an Einfühlungsvermögen, Eleganz und Selbstbewußtsein und manche haben wohl einfach einen schlechten Tag. Also lernt aus den Fehlern der anderen und verlasst euch am besten weiterhin auf die weibliche Intuition.

»Schlechter Sex 2« erteilt den Männern das Wort. Es lohnt sich, ihnen zuzuhören.

Berlin, im Herbst 2008   *Mia Ming*

GUTEN MORGEN, MEIN SCHATZ!

Maximilian (26), Mediengestalter, Leipzig
über
Bianca (29), Verlagskauffrau, Leipzig

Noch bevor ich richtig wach bin, fühle ich, dass etwas nicht stimmt. Das wird kein guter Tag. Mein Hals ist rau und klebrig und das dumpfe Gefühl im Kopf kommt nicht vom Schlaf, sondern vom Alkohol. Ich möchte nicht wach werden, sondern weiterschlafen, aber das ist jetzt zwecklos, brauche ich gar nicht mehr zu versuchen. Mir ist heiß, ich bin verschwitzt und meine Decke fühlt sich klamm und schmutzig an. Nicht nur, weil sie die ganze Nacht auf mir lag, nein, Bianca hat sie gestern unter ihrem Sofa hervorgezogen, ein verkrumpelter Haufen, die Hundedecke.

Neben mir liegt niemand. Vielleicht ist sie weg, arbeiten oder so? Ich richte mich auf. Als ich aus dem Bett steige, fällt ein benutztes Kondom zu Boden, das an meinem Oberschenkel geklebt hat. Kondome sind immer ein beruhigender Anblick, so im Nachhinein, schließlich haben wir uns gestern erst kennengelernt. Ich heb es auf, um es in die Toilette zu werfen. Meine Sachen sind nicht hier, sie müssen noch im Wohnzimmer liegen, neben dem Sofa.

Da haben wir uns zumindest gestern Nacht ausgezogen. Aber erst mal muss ich ins Bad jetzt. Während ich Biancas elektrische Zahnbürste benutze, betrachte ich die Packungen auf der Ablage. Tabletten gegen Verdauungsstörungen und eine Tube Pilzcreme für den Vaginalbereich. Kann sie so etwas nicht im Allibert verstauen? Als ich die Zahnbürste abschalte, höre ich Geräusche aus dem Wohnzimmer. Sie ist also da, so ein Mist. Ich bin alles andere als gesellschaftsfähig, aber ich kann auch nicht einfach gehen, meine Hose liegt ja nebenan. Ich spucke die Zahnpasta ins Waschbecken, dabei wird mir übel. Ich setze mich kurz auf den Badewannenrand und warte, dass es vorbeigeht. Dann wickle ich mir ein Handtuch um die Hüften und schleppe mich ins Wohnzimmer. Rosig und frisch sitzt sie am Tisch, vor sich eine Müslischale, eine Tasse mit gräulichem Tee und ihr Notebook. Es ist viel zu hell im Zimmer, das Licht schmerzt in meinen Augen.

»Guten Morgen!«, sagt sie. Ich will antworten, doch meine Stimme ist nur ein heiseres Krächzen. Ich muss mich erst mal ausgiebig und unschön räuspern. Bianca verzieht angeekelt das Gesicht.

»Du solltest wirklich aufhören zu rauchen«, sagt sie dann tadelnd. »Du klingst wie mein Opa, der hat morgens auch so geröchelt. Außerdem war hier alles völlig verqualmt. Widerlich!«

Was soll ich dazu sagen, mir fällt nichts ein. Ich reibe mir die Augen, doch das hilft nichts. Suchend blicke ich auf den Boden nach meinen Sachen.

»Da«, sagt Bianca und weist mit dem Kinn zum Regal. Akkurat gefaltet liegen dort meine Sachen, Jeans, Pullover, T-Shirt, zu alleroberst meine Unterhose. Danke, das wäre doch nicht nötig gewesen. Sie beobachtet mich aufmerksam, während ich mich anziehe. Ich muss mich dabei am Regal festhalten, denn mir ist ein wenig schwindelig. Was ist denn los mit ihr, hat sie gestern etwa gar nichts getrunken? Ich fühle mich genötigt, etwas zu sagen.

»Hab ich den Whiskey etwa ganz allein ausgetrunken«, frage ich deshalb.

Ungläubig blickt sie mich an. »Wie bereits mehrmals erwähnt, ich trinke keinen Schnaps. Nie. Daran hat sich seit gestern auch nichts geändert!«

Ja, jetzt kann ich mich erinnern. Ich muss schon sagen, sie versteht sich darauf, dass man sich wohl fühlt. Wahrscheinlich trinkt sie auch kein Koffein.

»Ich geh dann mal«, sage ich.

»Ja«, sagt sie. »Komm gut nach Hause.« Und dann: »Kommst du nächstes Wochenende wieder?«

»Ähem«, ich räuspere mich noch mal ausgiebig, während ich überlege. »Ich glaub, da muss ich arbeiten, aber wir können ja noch mal telefonieren ...«

Ihr schrilles Lachen unterbricht mich. »Du bist unglaublich!«, sagt sie und schüttelt fassungslos den Kopf. »Das war ein Scherz! Warum um alles in der Welt sollte ich das wiederholen wollen?«

Schnell rette ich mich aus der Tür.

ICH GLAUB, MEIN FREUND HÄTTE WAS DAGEGEN ...

Lukas (28), Schreiner, Düsseldorf
über
Nathalie (29), Tänzerin, Düsseldorf

Manchmal wundere ich mich über mich selbst«, sagte das Mädchen auf der Party zu mir und lachte, als hätte sie etwas sehr Lustiges gesagt. Ich hatte keine Ahnung, wovon sie sprach, ertappte mich aber dabei, wie ich kurz die Zähne bleckte. Nur kurz, denn dann fiel mir mein Vorsatz wieder ein, nicht mehr nur aus reiner Höflichkeit zu lachen. Ich beobachte das oft bei anderen und ich kann es nicht leiden.

»Und ich sag noch zu mir selbst, Nathalie, pass auf ...«

Das Mädchen hieß also Nathalie und erzählte mir jetzt bereits seit fünf Minuten davon, wie es war, die Tollste zu sein. Ich wurde sie einfach nicht los. Sie war hellblond, braun gebrannt und zu groß – fast so groß wie ich. Sie war auffallend dünn und wirkte geradezu anämisch, trotz der sommersprossigen Haut, die sich über ein knochiges Brustbein und hervorstehende Rippen spannte, die sich beinahe ungemildert von irgendwelchen Brüsten unter einem grellrosa Oberteil abzeichneten. Es war nicht das erste Mal, dass ich Nathalie zufällig irgendwo traf, und meist versuchte ich, ihre Gesellschaft zu meiden. Doch war das nicht ganz einfach, denn sie hatte mich offensichtlich in ihr Herz geschlossen. Auch heute lief sie in einem fort plappernd neben mir her und ignorierte meine Versuche sie loszuwerden völlig. Manche Frauen mögen einen ja anscheinend nur aus dem einfachen Grund, dass man ihnen keine Beachtung entgegenbringt.

Nathalie kam aus dem Rheinland und schien zu glauben, da auch ich aus der Gegend war, hätten wir eine Menge gemeinsam. Anscheinend hatte sie ihren hyänenhaften Freundinnen irgendetwas Seltsames über mich erzählt, denn sie warfen mir unverhohlen wissende Blicke zu, die ich nicht deuten konnte. Entnervt blickte ich mich nach meinem Freund um, den ich seit unserer Ankunft nicht mehr gesehen hatte. Wahrscheinlich war er mit irgendeinem Mädchen mitgegangen, ohne mir Bescheid zu sagen. Warum hatte er mich überhaupt auf diese öde Party geschleppt? Was wollte ich hier? Missmutig blickte ich mich um. Schreckliche Leute, schreckliche Musik ... Lief da etwa Robbie Williams? Meine Güte.

»Ich hau mal ab«, unterbrach ich Nathalie, die irritiert verstummte. In diesem Moment trat ein rothaariges Mädchen zu ihr, die beiden begrüßten sich mit einer innigen Umarmung.

»Hey Süße! Das ist Lukas, er wollte gerade gehen. Lukas, das ist Luisa, kennt ihr euch schon? ...«

Nein. Ich hatte Luisa nie zuvor gesehen. Plötzlich wollte ich bleiben. Drei Stunden später saß ich noch immer mit Nathalie und Luisa auf dem Sofa. Nathalies sommersprossiges Bein bohrte sich fleischlos in meinen Oberschenkel. Allein bei dem Gedanken aufzustehen, wurde mir schwindelig, und auch sonst fühlte ich mich eher mäßig.

Dabei hatte alles so gut angefangen. Luisa hatte eine Stunde lang verheißungsvoll mit mir gelacht und geflirtet und meine Avancen freudig ermutigt. Ihr zuliebe hatte ich mich sogar mit Nathalie verbrüdert, die unsere Annäherung zuvor mit giftigen Blicken beäugt hatte. Als Luisa sich bereit erklärte, mich zur Tankstelle zu begleiten, um neue Alkoholika zu erstehen, war mir klar, dass auch sie mich mochte. Vor Freude wäre ich fast die Treppen heruntergehüpft, doch ich riss mich zusammen und schritt lässig und gemäßigten Schrittes voran. Auf dem Rückweg blieb ich stehen und griff nach ihrem Arm.

»Warte doch mal ...« Dann hob ich die Hand und streichelte zart über ihre Haare. Luisa wich zurück.

»Ich mag dich sehr gern.« Ihre Stimme war nur ein leises Murmeln. »Aber ich habe einen Freund.« Ich ließ die Hand wieder sinken.

»Ach so. Na ja, macht doch nichts«, entgegnete ich, doch für mich war der Abend gelaufen. Enttäuscht lief ich neben Luisa zurück zur Party. Klar, solche Sachen passieren, alle hübschen Mädchen kramen irgendwann einen Freund aus, ständig, immer und überall, doch das ist kein Trost, im Gegenteil. Ich war maßlos enttäuscht, ließ mich aber trotzdem neben Luisa auf dem Sofa nieder. Jedes Mal, wenn mein Blick über ihr verstörend schönes Gesicht glitt, versetzte es mir einen Stich und ich griff zu meinem Glas.

Jetzt, nachdem die Freundsache geklärt war, behandelte Luisa mich, als wären wir seit Jahren innigste Freunde, tätschelte meinen Arm und saß sogar eine Weile auf meinem Schoß, während ich regungslos verharrte, um sie nicht zu vertreiben. Nathalie neben mir referierte weiterhin unbeirrt über ihr Leben. Ab und an brachte sie mich wirklich zum Lachen, was mich überraschte. Wenn ich aufstand, folgte sie mir und ihre pawlowsche Hartnäckigkeit rührte mich ein wenig.

Luisa verschwand irgendwann, einfach so, ohne sich zu verabschieden. Ich weiß nicht, was ich an mir habe, dass die Menschen um mich herum es nicht für nötig befinden, auch nur die simpelsten Höflichkeitsregeln einzuhalten.

»Komm mal mit«, Nathalie stand vor meinem Sofa und zog an meinem Arm. Also stand ich auf und folgte ihr torkelnd durch die Restgäste. Vor einer Tür blieb sie stehen, kramte einen Schlüssel hervor und steckte ihn ins Schloss. Dann drehte sie sich zu mir um: »Ich hab den Schlüssel fürs zweite Bad bekommen. Den fürs Schlafzimmer wollte Iris nicht rausrücken.«

Sie lachte. Auch wenn wir jetzt Kumpels waren, ging mir das doch ein bisschen zu weit.

»Danke, aber ich muss gar nicht«, lallte ich und wollte davonwanken.

»Bleib hier! Ich würde dich ja lieber mit nach Hause nehmen, aber ich glaub, mein Freund hätte etwas dagegen.« Noch ein Freund. Und eigentlich war das doch kein Argument, im Gegenteil sogar ... Ich blieb einen Moment irritiert stehen, um über die Aussage nachzudenken. Wieder griff Nathalie nach mir und willen- und geistlos ließ ich mich von ihr in den gekachelten Raum ziehen.

Wieso eigentlich nicht? Als sie mich küsste und ihren Körper gegen meinen presste, wunderte ich mich, dass ich sofort erregt war. Es ist komisch, obwohl Nathalie nicht mein Typ war und auch die Atmosphäre, ein unordentliches Badezimmer im Neonlicht, wahrlich nicht viel hergab, verfiel ich doch recht schnell in eine Art Porno-Modus. Ich schloss die Augen und die Bilder, die vor meinem geistigen Auge ablaufen, wenn ich mir einen runterhole, begannen sich wie von selbst in meinem Kopf abzuspulen. Im wirklichen Leben zog Nathalie gerade ihr Oberteil aus, danach streifte sie mir mein T-Shirt ab. Ihre braungebrannte Haut fühlte sich jetzt, Bauch an Bauch mit meiner, gar nicht schlecht an. Ihre Hand glitt in meine Shorts und begann, fachmännisch meinen Schwanz zu massieren. Ihr Atem ging keuchend, hungrig schob sie ihre Zunge in meinen Mund. Nathalies unverhohlene und gar nicht mädchenhafte Gier reizte mich, ich griff um ihre Hüfte und zog sie an mich ran.

Als ich mich auf den Badewannenrand setzte, registrierte ich vage, dass irgendwelches Gerümpel in der Wanne lagerte. Nathalie setzte sich breitbeinig auf meinen Schoß, ihr kurzer Rock war über ihre schmalen Hüften geschoben. Ich umfasste ihren Hintern und drückte sie gegen mich.

»Fick mich«, flüsterte sie in mein Ohr. Ich weiß noch, wie mir der Gedanke durch den Kopf schoss, dass dies noch nie ein Mädchen, außer Pornodarstellerinnen vom Bildschirm aus, explizit zu mir gesagt hatte, dann verlor ich das Gleichgewicht. Ich fiel rücklings in die Badewanne und landete auf dem Werkzeugkasten, der dort aus unerfindlichen Gründen lagerte.

Später in der Nacht, im Krankenhaus, wurde mir ein Steißbeinbruch diagnostiziert. Ich musste dem behandelnden Arzt die Ursache der Beschwerden erklären. Die Peinlichkeit dieser Befragung, deren Ergebnis der Arzt mit zuckenden Mundwinkeln zur Kenntnis nahm, wurde durch die Schmerzen weitgehend überlagert. Es war mir beinahe egal. Anschließend wurde eine rektale Untersuchung durchgeführt, auf die ich hier aus Gründen der Traumaüberwindung nicht näher eingehen kann. Man verschrieb mir Schmerztabletten, viel mehr könne man bei dieserart Fraktur nicht für mich tun. Zum krönenden Abschluss und als Souvenir des Abends wurde mir ein Sitzreifen verordnet. Er hat mir lange Zeit gute Dienste erwiesen.

AUGEN ZU UND DURCH

Martin (27), Physikstudent, Mainz
über
Iris (27), Grundschulpädagogin, Mainz

Ich war schon als Kind sehr ruhig. Und unansehnlich. Da ich dies nicht durch herausragende Geistesleistungen, Geschicklichkeit oder Reichtum ausgleichen konnte, fand ich mich mit meiner Mittelmäßigkeit ab. Wer nicht durch Witz, Brutalität oder Geschicklichkeit auffiel, wurde zu Schulzeiten bereits gehänselt, also lernte ich bald, möglichst nicht aufzufallen. Tragik, Leidenschaft und große Emotionen passen zu den Schönen und Talentierten, bei einem kleinen dicken Jungen wirkten sie eher lächerlich. Daher mied ich große Gefühle. Zumindest glaube ich, dass mein Charakter durch diese Umstände geprägt wurde, aber wer weiß, vielleicht wurde ich auch so geboren?

Die meiste Zeit meiner Kindheit verbrachte ich allein zuhause, las und sah fern. Selbst meine Eltern langweilten sich mit mir und stellten wenig Fragen. Manchmal vergaßen sie mich sogar und ließen mich irgendwo stehen.

So war auch der Weg in meine erste Beziehung vorbestimmt. Iris war eine Kommilitonin von mir. Ich war direkt nach dem Abi aus dem Westerwald nach P. gezogen, um dort, »in der sonnigen Pfalz«, Pädagogik zu studieren. Iris war in meiner Lerngruppe, ebenso alt wie ich, und ich konnte sie nicht besonders leiden. Sie sagte nicht viel, aber wenn, war es gehässig, neidisch oder anstrengend. Nach kurzer Zeit waren alle Mitglieder der Lerngruppe miteinander liiert, denn wer in P. studiert, hat meist einiges nachzuholen. Also wurden Iris und ich immer öfter dazu genötigt, Zweiergruppen zu bilden. Um meine Aufmerksamkeit zu erregen, begann sie, mich zu piesacken und auf unzarte Weise zu provozieren. Gern wäre ich ihr aus dem Weg gegangen, doch das war unmöglich, dazu hätte ich die Uni wechseln müssen.

Wenn nach einem Gruppentreffen wieder nur wir beide übrig geblieben waren, schaute Iris mich halb vorwurfsvoll, halb auffordernd an. Eines Tages gab ich diesem Druck nach und ging mit Iris nach Hause ins Studentenwohnheim, wo wir den ganzen Abend schweigend fernsahen.

Nun waren wir ein Paar, was sich daran zeigte, dass wir uns in der Öffentlichkeit ab und an berührten. Manchmal küssten wir uns sogar, das taten wir allerdings nur unter Menschen. Sie hörte mit der Neckerei auf und ließ mich mehr oder weniger in Ruhe, solange wir zusammen waren. Auch nahmen Iris und ich von nun an gemeinsam an Uni-typischen Aktivitäten teil. Wir besuchten Semester- und Fachbereichpartys und Unternehmungen, die im Stadtmagazin beworben wurden. Ich gewöhnte mich nach und nach an sie und auch daran, dass ich sie eigentlich nicht mochte. Iris war damit zufrieden.

Meine Freundin erschien mir vollkommen asexuell. Sie legte nicht viel Wert auf ihr Äußeres. Sie hatte wohl andere Prioritäten. Iris schminkte sich nicht und war auch sonst alles andere als kokett. Wenn wir beieinander waren, sahen wir meist fern oder lernten. Ich war eigentlich lieber allein, um auf Pornoseiten surfen zu können, denn Onanieren war meine liebste Beschäftigung. War ich für mich, hatte ich sofort meine Hand in der Hose, in Gesellschaft hatte ich mir angewöhnt, des Öfteren die Toilette aufzusuchen, um mir, wie man so sagt, »Erleichterung zu verschaffen«. Doch war Sex stets etwas, was ich mit mir allein abhandelte. Eine wirkliche Frau dabeizuhaben, war für mich ein erschreckender Gedanke. In Iris' Gesellschaft konnte ich jeglichen Trieb unterdrücken, ja, ihre Anwesenheit erstickte etwaige libidinöse Gedanken bereits im Keim.

Ein einziges Mal machte ich die Bekanntschaft eines anderen Mädchens. Es war auf einer »Studi-Party« auf dem Uni-Gelände, mit schlechter Anlage und Bier aus Plastikbechern. Ständig brach die Deckenbeleuchtung flutartig über uns herein, da sich irgendein Idiot an einen der Lichtschalter gelehnt hatte. Iris war vor dem Fernseher eingeschlafen, also lehnte ich allein an einem Süßigkeitenautomaten, als mich ein fremdes Mädchen ansprach. Wildfremd, ich hatte sie nie zuvor gesehen! Sie trug einen vernünftigen Kurzhaarschnitt, war dünn und sah aus, als säße sie gern vorm Computer. Sie gefiel mir. Sie erzählte, dass sie das erste Semester besuche und neu in P. sei. Hilfsbereit begann ich, ihr wichtige Tipps zu geben. Eines Tages würde sie mir dankbar sein, also fuhr ich unbeirrt fort, obgleich sie gar nicht richtig zuzuhören schien, sondern an ihren Fingerknöcheln nagte und an mir vorbei sah, als hielte sie nach jemandem Ausschau.

»Wollen wir zu dir gehen?«, unterbrach sie mich nach einer Weile unvermittelt. Es durchfuhr mich wie ein Stromstoß. Dieses Mädchen wollte Sex, mit mir, sofort, sie würde meine Rettung sein, mich von Iris erlösen … ich nickte wie elektrisiert.

»Du spielst doch World of Warcraft?« Fragend blickte sie mich an, bis ich den Kopf schüttelte.

»Oh«, sagte sie enttäuscht. »Na dann. Man sieht sich!«

Wenig später war sie verschwunden und ich ging nach Hause, zu Iris.

Kurz darauf war Iris' zwanzigster Geburtstag, ein Sommertag kurz vor den Semesterferien, und meine Freundin war in verhältnismäßig ausgelassener Stimmung. Sie hatte am Nachmittag an einer freiwilligen Gruppenarbeit teilgenommen und zeigte mir stolz eine Salzteigbrezel, die sie gebacken hatte und allen Ernstes aufzuhängen gedachte. Abends öffneten wir eine Flasche Sekt und setzten uns in ihrem Studentenzimmer auf das Klappsofa. Ich bemerkte, dass sie eine CD eingelegt hatte, auf deren Cover zwei Frauen Schwangerschaftsgymnastik auszuführen schienen und eine dumpfe Vorahnung stieg in mir hoch. Mein Magen begann zu rumoren, das tat er immer, wenn ich nervös war. Iris bestätigte meine Ahnung, indem sie eine Kondompackung zückte und diese wortlos auf den Sofatisch legte. Obwohl ich mit so etwas seit längerer Zeit gerechnet hatte, war mein Hals augenblicklich wie zugeschnürt.

Wir waren nun schon seit einigen Monaten ein Paar, hatten beide keinerlei eigenen sexuellen Erfahrungen gesammelt, und da uns leider keine religiös oder anders gearteten Gründe daran hinderten oder eine Ausflucht boten, hatten wir beide das Gefühl, es nun endlich hinter uns bringen zu müssen. Iris' Problem mit der Sexualität war, dass sie Körperlichkeiten insgeheim verabscheute und als Zumutung empfand, mein Problem war Iris. Ich fürchtete, dass ich ihre Anwesenheit beim Sex nicht würde ausblenden können. Und das konnte ich auch nicht. Es war, als würde ich mich einer völlig fremden Person nähern, nur noch viel schlimmer. Ich hatte einen schrecklichen, leberartigen Geschmack im Mund und wäre gern ins Bad geflüchtet, doch ich bezweifle, dass Iris dafür Verständnis gezeigt hätte. Es wäre danach wohl auch nicht besser geworden, also trank ich möglichst viel Sekt, obwohl mein Magen sich nicht beruhigen wollte und ich permanent aufstoßen musste. Gleichzeitig fühlte ich die ersten Anzeichen eines ausgewachsenen Sodbrennens in meiner Speiseröhre aufsteigen. Ich erinnere mich genau, Iris trug einen grasgrünen Kapuzenpulli, ein weißes T-Shirt, Jeans mit leichtem Schlag und eine kleingeblümte Baumwollunterhose. Modische Accessoires haben an ihr von jeher wie ein Versehen gewirkt, meist verzichtete sie darauf.

Wir hatten uns geküsst, saßen uns nun gegenüber, pausierten wohl. Iris sprach über ihr Alter und dass sie Geburtstage nicht wichtig fände, ich nickte dazu, während meine Hand nervös über ihr Knie rieb. Ich schluckte mehrmals hintereinander, da sich viel zu viel Speichel in meinem Mund ansammelte. Iris zuppelte an ihrer Kapuzenjacke, um mich aufzufordern, sie ihr auszuziehen. Kommunikation mit Worten war hier undenkbar. Ihr Gesichtsausdruck war entschlossen und grimmig. Sollte ich weglaufen oder versuchen, das durchzustehen? Einzig der Gedanke, bald meine Jungfräulichkeit zu verlieren, es tatsächlich hinter mir zu haben, bewog mich zu bleiben, wo ich war, und ihr langsam die Jacke abzustreifen.

Ohne abzusetzen zog ich ihr das T-Shirt aus. Sie trug keinen BH, ihre Haut sah aus, als wäre sie noch nie dem Tageslicht ausgesetzt gewesen und fühlte sich ebenso an. Dunkle Haare stachen deutlich von der bleichen Farbe ab. Aber Augen zu und durch. Auch sie knöpfte jetzt mein Hemd auf und halbherzig zog ich den Bauch ein, denn es hatte nicht viel Sinn … Wir brachten die Sache innerhalb weniger Minuten hinter uns. Als wir beide nackt waren, wollte ich sie auf mich ziehen. Doch sie hatte den gleichen Plan gefasst und sich gleichzeitig auf den Rücken gerollt. Beide in Rückenlage, blickten wir uns ratlos an. Ein bemerkenswert schlimmer Moment. Dann gab ich nach und robbte auf sie. Was nun folgte, war zu meiner großen Erleichterung viel weniger schwierig, als ich erwartet hatte. Beglückt über die Nachgiebigkeit, schaffte ich es entgegen meiner Erwartung, kurz alles auszublenden und einen höchst mechanischen Orgasmus hinzukriegen. Erleichtert seufzend, rollte ich von Iris runter, grinste froh. Ich war endlich keine Jungfrau mehr! Als sie begriff, dass es das jetzt gewesen war, lächelte auch sie. Ein harmonischer Moment, wir empfanden beide dasselbe.

Danach haben wir uns deutlich besser verstanden. Wir hatten gemeinsam etwas durchgemacht, das uns lange Zeit stillschweigend unter Druck gesetzt hatte, es bewältigt und dabei entdeckt, dass es vollkommen überbewertet war. Wir waren nun auf der sicheren Seite. Ab und zu, meist im Abstand einiger Wochen, haben wir es wieder versucht, jeweils routinierter und etwas lässiger, doch stets ohne großen Enthusiasmus.

Als das Grundstudium vorbei war, wechselten wir auf unterschiedliche Universitäten und haben unsere Beziehung ohne größeres Aufheben beendet.

BRINGST DU'S?

Markus (31), BWL-Student, Stuttgart
über
Claudia (27), BWL-Studentin, Stuttgart

Ich lag im Sand, im Schatten eines Sonnenschirms, während Claudia im Leopardenbikini vor mir in der Sonne kniete. Sie riss sich die Beinhaare mit Wachsstreifen aus und verrenkte sich gerade unschön, um die Unterseite ihres Oberschenkels zu erreichen. Seit geraumer Zeit tat sie das nun schon, jedoch ohne große Erfolge, wie ihr missmutiger Gesichtsausdruck verriet.

»Das bringt doch nichts!«, sagte ich, nicht zum ersten Mal. Ich kann dieses Rumgefummel und Geziepe an Körperhaaren in der Öffentlichkeit nicht leiden. Tat man nicht als Mädchen so, als hätte man gar keine Haare? Und schließlich waren wir auch nicht seit zehn Jahren verheiratet, sondern zum ersten Mal zusammen unterwegs, da konnte man sich ja wohl ein bisschen zusammenreißen, oder nicht?

»Doch, das bringt was!«, behauptete sie und hielt mir zum Beweis einen benutzten Wachsstreifen unter die Nase. »Schau mal! Da sind Haare dran.«

Tatsächlich. Ich konnte ein paar kleine schwarze Borsten sehen, die ihre hässlichen Köpfchen aus der klebrigen Wachsschicht reckten. Igitt.

»Ach was, die verkaufen die schon mit Haaren, damit es so aussieht, als würde es funktionieren!« Claudia kicherte einfältig, setzte die Behandlung aber unbeirrt fort. Ich versuchte mich wieder auf mein Buch zu konzentrieren, doch hatte ich nach über zwanzig Seiten noch immer nicht begriffen, wovon es eigentlich handelte. Ich hätte mal lieber einen Krimi einpacken sollen … Gelangweilt wandte ich mich dem alten Mann in seinem Strandkorb zu, der sich wenige Meter entfernt schon den ganzen Tag dem Erhalt eines Sandwalls widmete.

Diesen hatte er nach landläufiger Mode in akkurater Kreislinie um seinen Korb herum gezogen, um »seinen Teil« des Strandes zu markieren und abzuschirmen. Kamen Kinder zu nah heran, rief er: »Weg von der Mauer!« Und wenn er sich nicht gerade auf das Kreuzworträtsel in der Bild-Zeitung konzentrierte, schaffte er Ordnung innerhalb des Kreises, indem er mit Wäscheklammern Schuhe und Badesachen am Korb befestigte oder »die Mauer« glatt strich. Vielleicht sollte ich auch eine Sandmauer bauen? Claudia würde so etwas bestimmt beeindrucken, sie war diese Art von Mensch. Aber mir lag nichts daran, meine Begleiterin zu beeindrucken, gar nichts … Ich seufzte.

Eine dürre, dunkelbraun gebrannte Frau von etwa siebzig Jahren lief dicht an unserem Liegeplatz vorbei. Ich hatte mich erst kaum getraut hinzusehen, da ich fürchtete, sie wäre nackt. Doch wie ich nun erleichtert feststellen konnte, trug sie etwas, einen winzigen Bikini, der sich farblich kaum von ihrem Hautton unterschied.

»Willst du nicht mal aus der Sonne, Claudia?« Ich stieß mein Gegenüber mit dem Fuß an.

»Nö. Wieso?«, fragend blickte sie mich an, offenbar unfähig, zwischen sich, der Sonne und unserer gerbhäutigen, braungebeizten und wahrscheinlich melanomüberzogenen Nachbarin eine Verbindung herzustellen.

»Sonnen ist gefährlich! Oder denkst du vielleicht, Hautkrebs sei eine Erfindung der Sonnenmilchindustrie?!« Claudia verdrehte genervt die Augen, riss an einem Wachsstreifen und sagte: »Ladida. Immerhin bin ich nicht so käsig wie du!«

Käsig? Eine Frechheit. Ich hatte für heute sowieso mehr als genug vom Strand. Überhaupt war ich froh, dass unser Wochenendtrip morgen, am Sonntag, endlich vorbei war. Claudia und ich kannten uns noch nicht lange, eigentlich erst ein paar Tage, doch als wir am Donnerstagabend zusammen in der Küche ihrer Freundin saßen, hatten wir es beide für eine aufregende und spannende Idee gehalten, gleich am nächsten Tag gemeinsam an die Nordsee aufzubrechen. Eine Spitzenidee! Wie ein Blind-Date, aber über drei Tage. »Aufregend und spannend« … Claudia gehörte zu den Menschen, die solche Sachen ohne Ironie über die Lippen bringen.

Überhaupt war sie geradezu ironiefrei, auf eine Art, dass ich ihr allein am heutigen Tag am liebsten schon fünfmal den dummen Putenhals umgedreht hätte. Wie hatte mir das vorher bloß entgehen können? Klar, wir hatten einiges getrunken, dennoch … Sicherlich lag es auch daran, dass Claudia so gut aussah. Einem hübschen Mädchen verzeiht man ja erst mal alles, vor allem, wenn sie einem offenkundig Sympathie entgegenbringt. Sogar wenn sie eindeutig minderbemittelt ist, so wie Claudia, hofft man doch noch eine ganze Weile, das wäre vielleicht ein Irrtum, der sich irgendwann aufklärt. Aus diesem Grund saß ich jetzt hier mit Claudia an der Nordsee und hatte extrem schlechte Laune. Natürlich war ich selbst schuld, aber das machte es auch nicht besser.

»Okay, du kannst ja später nachkommen. Ich geh schon mal ins Hotel.«

Claudia hob gelangweilt eine Augenbraue, was offenbar als Zeichen der Zustimmung zu deuten war, und schwieg. Kein Benehmen! Und ich hasse es, wenn Leute sich nicht benehmen können. Langsam erhob ich mich, warf einen letzten wehmütigen Blick auf ihren schlanken, langgliedrigen, bereits etwas zu stark gebräunten Körper und setzte mich in Bewegung, Richtung Hotel. Träge und lustlos trottete ich den Strand entlang, vor meinem geistigen Auge sah ich uns im Restaurant sitzen, reden, danach gemeinsam aufs Zimmer gehen … Es würde entsetzlich werden … Doch plötzlich wusste ich, was zu tun war! Ich würde einfach abhauen! Ich beschleunigte meinen Schritt, beinahe lief ich den Weg zum Hotel zurück. Dort packte ich in Windeseile meine Tasche zusammen und gab den Schlüssel unten an der Rezeption ab. Das Zimmer war im Voraus bezahlt. Ich stieg in mein Auto und fuhr los, Richtung Süden. Sollte die dumme Nuss doch mit dem Zug fahren, meinetwegen trampen, Hauptsache, nicht mit mir!

Im Nachhinein ist es relativ einfach zu erklären, was bei unserem Wochenendausflug schiefgelaufen war. Eigentlich alles. Während der Hinfahrt war es noch ganz in Ordnung, ich fuhr, einen alten Audi 100, den ich mir von einem Freund geliehen hatte, und wir unterhielten uns über gängige Themen wie Uni, Reisen, Familie. Claudia betonte immer wieder, wie aufregend sie das alles fände. Sie trug einen bemerkenswert minimalistischen Rock und ein tief dekolletiertes Oberteil. Ihr Stil war sexy, doch leider eher auf die billige als auf die coole Art. In Garding angekommen suchten wir ein günstiges Zimmer, doch die meisten Pensionen waren bereits ausgebucht.

»Ich möchte aber lieber in ein Hotel!«, quäkte Claudia, als ich vor einem kleinen Hexenhaus hielt, in dessen Vorgarten ein Zimmer-Frei-Schild angebracht war, doch ich schenkte ihr keine Beachtung. Eine ältere Dame führte uns in ein hübsches Gartenhaus. Das Zimmer war schlauchförmig und so schmal, dass die Betten Fußende an Fußende platziert waren.

»Nein danke«, sagte ich entschuldigend zu der Inhaberin und griff zu so etwas wie einer kleinen Notlüge. »Wir sind ein Paar.« Was nicht ist, kann ja noch werden, zumindest wollte ich etwaige Entwicklungen in diese Richtung nicht gleich völlig ausschließen.

Claudia kicherte albern. »Nein, nein«, sagte sie dann unnötigerweise, »sind wir gar nicht! Das hättest du wohl gern!« Affektiert warf sie ihre blonden Haare zurück. Ich war bereits mehr als alarmiert, sparte mir aber eine Erwiderung. Als Nächstes steuerten wir ein Hotel in Strandnähe an, das zwar etwas heruntergekommen aussah, aber noch freie Räume im Angebot hatte. Ich bezahlte für zwei Nächte, während Claudia schon mal vorging. Unser kleines Zimmer war in dramatischem Schwarz-Violett gehalten, es gab eine Schrankwand, hinter deren Glastüren staubige Automodelle ausgestellt waren, und ein höchst extravagantes muschelförmiges Bett im Baumarkt-Stil der frühen neunziger Jahre. Doch es hatte einen Balkon, auf dem zwei Stühle Platz fanden und auf dem wir uns später vielleicht eine Flasche Rotwein würden teilen können.

Ich überhörte Claudias Bemerkung, dass sie noch nie in solch einer Absteige genächtigt hätte, wir packten unsere Sachen aus und unternahmen einen Strandspaziergang. Claudia plapperte unentwegt und hastete dabei von einem Klischee ins nächste, schaffte es aber doch ein paar Mal, mich mit besonders dummen Bemerkungen zu überraschen. So erzählte sie mir von Luxusreisen mit ihrem Ex-Freund, offenbar ein verzärtelter Halbidiot, und wie eifersüchtig er immer auf die unzähligen Männer gewesen war, denen Claudia völlig ohne eigenes Zutun die Herzen gebrochen hatte. Sie kicherte laut und viel und ich wurde immer schweigsamer.

»Hier möchte ich gerne essen!«, quiekte sie plötzlich und zeigte mit dem Finger auf ein teuer aussehendes Restaurant mit Strandterrasse. Das alles war ein Alptraum. Aber ich bin ein Trottel, zumindest manchmal, und wie um das unter Beweis zu stellen, ließ ich mich darauf ein. Claudia bestellte Salat und Seewolf, »Fisch ist ja so gesund«, ich aß ein Schnitzel. Während des Essens machte sie Witze darüber, dass sie ja zum Glück nicht käuflich sei und eine Einladung zum Essen noch lange keine Einladung in ihr Bett bedeuten würde. Mir hatte es die Sprache verschlagen. Natürlich hatte ich gehofft, dass wir uns näherkommen würden, ganz sicher hätte ich im Vorhinein am liebsten zwei Tage und Nächte mit Claudia im Bett verbracht, aber diese ständige Thematisierung des Sex-Themas und ihre platten und unerfreulichen Ansichten dazu, die mir wie unverschämte Unterstellungen erschienen, brachten mich aus der Fassung.

Auf meine Frage, ob wir die Rechnung teilen sollten, reagierte sie beleidigt. Sie hätte ihr Portemonnaie auch gar nicht mitgenommen. Obwohl ich zähneknirschend, aber wortlos bezahlte, wirkte meine Begleiterin verstimmt. Ich wollte sowieso nur noch zurück ins Hotel, schnellstmöglich.

»Du bist ja langweilig!«, protestierte sie. »Vielleicht kann man hier noch irgendwo tanzen gehen? Ich möchte gern noch ein bisschen unter Menschen.«

»Ja, prima! Mach das doch. Viel Spaß!«

Doch so einfach wurde ich sie nicht los. Noch immer über meine Langweiligkeit schimpfend, lief sie neben mir her zum Hotel zurück. Dort angekommen, setzte ich mich auf den kleinen Balkon und öffnete eine der beiden Weinflaschen, die ich mitgebracht hatte. Claudia setzte sich zu mir, und höflich, wie ich bin, bot ich ihr auch ein Glas an.

»Na na!«, sagte sie mit erhobenem Zeigefinger. »Nicht dass du mich betrunken machen willst! Ich vertrag ja gar nichts!« Sie lachte wieder ihr Hyänenlachen. Am liebsten hätte ich sie übers Geländer geworfen. Ich hatte mich den ganzen Abend gefragt, ob ihr schlechtes Benehmen wohl Zeugnis von einer schweren Kindheit ablegte, einer düsteren Vergangenheit, doch ich war zu dem Schluss gekommen, dass dem nicht so war. Das Schlimmste an Claudia war ihre Selbstzufriedenheit, die felsenfeste Überzeugung, alles richtig zu machen.

In gespielter Gleichmut strich ich eine Falte in meiner Hose glatt und fragte sie dann mit ruhiger Stimme: »Sag mal, wie kommst du eigentlich auf die Idee, dass ich dich unbedingt ins Bett kriegen will?« Claudias Augen flackerten ungläubig. Offenbar war sie angetrunken von dem einen Glas Wein, denn es zeigten sich hektische Flecken auf ihren Wangen und ihre Stimme hatte einen aggressiven Unterton.

»Willst du etwa behaupten, dass du mich nicht attraktiv findest«, fauchte sie. Ich schwieg. »Warum hast du mich denn hierhin eingeladen, wenn du mich nicht sexy findest?«

Eingeladen? »Doch, schon ...«, wie sollte ich ihr das so Offensichtliche erklären? Da stand sie auf, griff nach meiner Hand, zog mich hoch und hinter sich her ins Zimmer. Sie steuerte das Bett an. Zögerlich blieb ich stehen.

»Oder bringst du's nicht?« Ein spöttisches Grinsen zog ihre Mundwinkel nach oben. »Hast du Probleme? Jetzt wird mir einiges klar ...« Der älteste Trick ... doch er funktionierte.

»Nein!«, das konnte ich keinesfalls auf mir sitzen lassen, ich trat einen Schritt auf sie zu. Claudia zog ihr Oberteil aus, sie straffte die Schultern und streckte ihre Brüste raus. Vielleicht würde der Abend doch noch gut werden? Dumme Frauen sollen ja bekanntlich gut im Bett sein ... Leider war dem nicht so. Claudia hatte offenbar zu viele Pornofilme gesehen. Stumpf und etwas grob spulte sie ihr Programm ab. Ich konnte mich nicht überwinden, sie zu küssen, was sie jedoch gar nicht zu stören schien. Vielleicht mochte sie mich ebenfalls nicht küssen, wer weiß? Jeder wollte dem anderen etwas beweisen, beide versuchten wir den Rhythmus anzugeben und so wurde der Akt immer mehr zu einem Kampf. Ohne Sieger. Irgendwann kam ich und brach erschöpft zusammen.

»Na also!«, sagte sie. Ihre Stimme klang spöttisch und triumphierend zugleich. »Ich wusste doch, dass du auf mich stehst!«

Ich stand auf, ging ins Badezimmer, um mir die Zähne zu putzen. Dann pulte ich zwei Ohropax aus der Pappschachtel und steckte sie mir in die Ohren. Ich weiß nicht, ob Claudia noch mehr sagte, denn ich legte mich ins Bett und schlief augenblicklich ein.

Das Frühstück nahmen wir am nächsten Vormittag getrennt ein, da wir uns knapp verpassten. Als wir nachher gemeinsam zum Strand aufbrachen, hatte sich eine tiefe Zornesfalte auf Claudias Stirn eingegraben. Während sie einen Drogeriemarkt suchte, um Wachsstreifen zu kaufen, mit denen sie ihre Beinhaare ausrupfen wollte, ging ich vor zum Strand und suchte mir einen Platz im Schatten.

ICH WÄRE DANN SOWEIT

Peer (30), Schriftsteller, München
über
Ulla (26), Konditorin, Garmisch

Es war eine von Anfang an eher fragwürdige Silvesterparty. Auf Silvester habe ich fast nie Lust, aber das geht ja angeblich den meisten so. Ein Freund hatte unseren ganzen alten Kreis ins Bauernhaus seiner Großmutter nach Garmisch eingeladen, nur widerwillig war ich dem Spruch »Privatfeste sind doch immer noch die coolsten« gefolgt. Aber zugegeben: Es war schrecklich nett. Wir aßen Raclette, tranken zu früh zu viel, einige tanzten schon um elf Uhr im Wohnzimmer zu »Total eclipse of the heart« von Bonnie Tyler, und wie jedes Jahr umfing mich nach Mitternacht eine seltsam angenehme Leere. Halbherzig zündete ich ein paar Raketen an, wand mich in Umarmungen, sprach Neujahrsgrüße aus und wünschte mir heimlich, woanders zu sein. Doch ich nahm mich zusammen, grölte mit den anderen (»Dicht ist Pflicht!«), formulierte als guten Vorsatz für das neue Jahr, bald wieder mit dem Rauchen zu beginnen, und trank. Als jemand vorschlug, noch nach Garmisch in eine Disco zu gehen, war ich der Erste, der die Jacke anhatte und rausstürmte.

Im »John's« würde man an jedem anderen Tag im Jahr innerhalb einer Stunde akute Depressionen bekommen – doch für Silvesternächte, in denen, wie im Karneval, per se Abgründigkeit und Geschmacksverirrungen zur Kultur erhoben sind, kann es keinen perfekteren Ort geben. Das Publikum: Skiliftbetreiber und vertrocknete Barfliegen. Die Musik: unterirdisch – bis zum Ende des

Abends liefen nicht weniger als vier Songs der *Münchner Freiheit*. War uns aber egal, und irgendwie kann man ja doch alle Texte mitsingen. Unser Einlauf kam einer Invasion gleich. Wir kaperten die Tanzfläche und als irgendwer anfing, rundenweise Schnäpse zu bestellen, brachen die letzten Dämme. Heute verdränge ich die Bilder der Erinnerung weitgehend erfolgreich (das Armdrücken mit einem Bundeswehrler auf der Theke; das Herumschubsen mit zwei Lokalmatadoren vor dem Pissoir; der Striptanz auf der Box mit einer der Tresenschlampen), so groß ist die Scham über unsere Lächerlichkeit. Aber währenddessen: best night ever. Von der Befangenheit, mit der ich in den Abend gestartet war, war nichts mehr zu spüren – der Selbstbetrug funktionierte hervorragend.

Und dann sah ich sie an der Bar sitzen. Allein, mit einem traurigen Blick über die Tanzfläche, als stamme sie aus einer anderen Zeit und sehne sich in sie zurück. Sie trug ein helles, tief ausgeschnittenes Pailletten-Kleid, rückenfrei, hochhackige Schuhe, eine schwere Kette, die an ihr zu ziehen schien wie ein düsteres Schicksal. Ein dunkler Pagenschnitt rahmte ihr Gesicht. Die hohen Wangenknochen, die straff-kantigen Züge von Stirn und Nase, die dunklen Brauen und die im Zwielicht blass leuchtende Haut erinnerten an eine jahrhundertealte Statue von zeitloser Schönheit. So mussten Nofretete oder Kleopatra ausgesehen haben. Als sie sich zum Barmann umdrehte, um noch einen Cocktail zu bestellen, sah ich, dass ein geheimnisvoll verschnörkeltes Tattoo zwischen ihren Schulterblättern prangte. Dass es sich dabei um eine verrätselte Botschaft für mich handelte, lag auf der Hand. Sie war aus ihrer Welt gefallen, war hier gestrandet und musste gerettet werden. Ein Engel im Fegefeuer, eine Göttin mit Stil und Glamour – mitten in einer Proll-Absteige in Garmisch-Partenkirchen.

Ich wog meine Worte nicht ab, feilte an keinem Spruch, sondern hörte einfach auf zu tanzen, ging zu ihr an die Bar, legte ihr die Hand auf den Nacken, kam nah an ihren Hals und sagte:

»Frohes neues Jahr. Du siehst wunderschön aus.« Seltsamerweise war ich überhaupt nicht nervös, ich spürte ja, dass eine höhere Gewalt mich lenkte. Klar, hinzukam, dass ich voll war bis obenhin. Im Nachhinein erscheint vieles klarer, und ich hätte vielleicht da schon stutzig werden können, denn als sich diese Lichtgestalt zu mir umdrehte, so ruhig, als habe sie mich erwartet, mich anlächelte und sich bedankte, klang es im ersten Moment, als würde sie mir ins Gesicht rülpsen. Tatsächlich sagte sie wohl so etwas wie: »Danke, du auch.« Dabei hatte sie mich noch gar nicht richtig angesehen, sondern blickte knapp an mir vorbei, als langweilte ich sie schon jetzt.

Mein erster Instinkt war, sofort wieder zu fliehen, meinen Orden hatte ich mir ja schon verdient, doch ich zwang mich nachzusetzen und fragte, was ich ihr zu trinken bestellen dürfe. »Lass dir was einfallen«, antwortete sie und da wurden mir doch die Knie weich. So sprechen im Kino die Femmes fatales kurz vor der Überblendung ins Schlafzimmer. Ich überlegte, zwei heiße Schokoladen zu bestellen, um eine Pointe zu landen, orderte dann aber doch Gin Tonic, das ist nie falsch.

Das Schwerste ist nicht etwa, ins Gespräch zu kommen, sondern (wie in der Bundesliga nach dem Aufstieg) das Anknüpfen, das Weitersprechen, das Übergleiten in eine vorgeblich krampffreie Plauderei. Allerdings machte ich mir an jenem Abend darüber wenig Sorgen, und dass ich bereits lallte, merkte ich auch erst später. Ich fragte ein paar Standards ab und war doch etwas überrascht, als sich ihre Antworten gar nicht mit dem deckten, was ich mir vorgestellt hatte. So stammte sie nicht etwa aus Atlantis und war von einer bösen Brise hierher entführt worden, sondern war in Garmisch geboren, aufgewachsen und offenbar noch nie länger von hier weg gewesen. Im »John's« sei sie fast jedes Wochenende, sagte sie, die »Musi« sei hier einfach »saugeil«. »Stimmt«, sagte ich, »die alten Sachen sind einfach immer noch unerreicht«, und schämte mich sofort dafür. Es ist traurig, wie weit man sich manchmal verbiegt. Aber ich konnte nicht aufhören, sie mir nackt vorzustellen. Jetzt hörte ich es auch an ihrem Dialekt – ein tiefes, gutturales bayerisches Idiom, so als sei ihre Zunge angeschwollen. Als sie sagte, sie komme gern zum Tanzen hierher, klang es wie »donntzen«. Auch von ihrem Namen war ich enttäuscht. Sie hieß nicht Lola, Lulu oder zumindest Madeleine, wie ich angenommen hatte, sondern Ulla. Schöner Name, wollte ich schon fast sagen, aber so weit konnte ich dann doch nicht gehen. Um irgendwas zu antworten, sagte ich, ich hätte einmal eine Ulla gekannt, brach den Satz aber dann ab, weil ich mich an Ulla Leitgeb, die in der sechsten Klasse neben mir gesessen hatte, ziemlich pummelig war, aber wie die meisten Dicken einen guten Humor hatte, jetzt nicht erinnern wollte.

»Aber mein Künstlername ist Denise Noir«, fuhr sie fort und schien jemanden in meinem Rücken zu beobachten. Da sie keine Anstalten machte, auch mich einmal etwas zu fragen, spulte ich einfach mein Pensum weiter herunter. Wie sich herausstellte, war Ulla weder Fotografin noch Kunstsammlerin noch Südseebiologin, sondern Konditorin. Aber das wunderte mich da schon nicht mehr. Um ihr nicht das Gefühl zu geben, das sei für mich kein ehrenwerter Beruf, sagte ich, ich sei ganz verrückt nach Käsekuchen, musste aber sogleich selbst darüber lachen und hoffte, dass mein Kumpel Philipp das nicht gehört hatte, der mir hinter Ullas Rücken pubertär-obszöne Zeichen gab. Als ich sie fragte, was für eine Art von Künstlerin sie – oder eher: Denise Noir – denn sei, hatte ich schon fast Angst vor der Antwort. Sie schreibe Gedichte, sagte sie, »im Nebenberuf«, doch auf Nachfrage räumte sie ein, bisher erst zwei »Arbeiten« im Ohlstädter Anzeiger veröffentlicht zu haben. Da sei ihr Cousin Anzeigenakquisiteur (was sie wie »Onzeigenaquiesitter« aussprach). Das war meine Chance, mein Türöffner – und ich zögerte keine Sekunde. So ein Zufall, sagte ich und erzählte, dass ich in München als Lektor arbeite, bei einem kleinen, aber sehr feinen literarischen Verlag. Wir seien beständig auf der Suche nach neuen, jungen Talenten. Das war nicht mal gelogen. Allerdings verschwieg ich, dass wir keine Lyrik veröffentlichten. Unser Verleger hasst Lyrik. Um glaubhafter zu erscheinen, nannte ich ihr noch unsere Internetadresse. Damit hatte ich abgeräumt, das merkte ich sofort.

Nun entspannte ich mich, lehnte lässig am Tresen, nickte einem imaginären Freund am anderen Ende des Raumes zu und tat so, als würde ich vom Anblick der Tanzenden abgelenkt. Ich ließ sie zappeln. Erst nach zwei Minuten des Schweigens, während derer Ulla erst ihr und dann ganz selbstverständlich auch noch mein Glas austrank, sagte ich, so gelangweilt ich konnte: »Na, du kannst mir ja mal was von deinen Sachen schicken. Versprechen kann ich natürlich nichts, aber ich hab das Gefühl, dass du was drauf hast.« Ich klang wie das letzte Arschloch, aber es zog.

Sie rückte näher, biss sich leicht verschämt auf die Unterlippe, und ich setzte sofort nach: »Willst du eigentlich auch irgendwas von mir wissen, oder muss ich jetzt den ganzen Smalltalk alleine machen?« Ehe sie antworten konnte, bestellte ich noch zwei Drinks. Unsere Knie berührten sich jetzt, und ich beschloss zu pokern. »Na gut, nett dich kennengelernt zu haben«, sagte ich, »ich geh dann mal wieder zu meinen Freunden …«, und noch bevor ich den Satz beendet hatte, fuhr Ullas Hand an meinen Nacken und zog mich mit sanfter Gewalt an sich heran. Läuft, dachte ich noch, und schloss die Augen, bereit, ihre Lippen auf meinen zu spüren. Doch stattdessen vernahm ich nun ihre Stimme, dicht an meinem Ohr hauchte sie mir etwas zu, was ich zunächst nicht richtig verstand. Allerdings registrierte ich, dass sie Mundgeruch hatte. »… warum jetzt, warum wir …«, flüsterte sie, aber ich wusste nicht, was sie meinte und fragte: »Wie warum? Ich meine, es ist doch Silvester und ich …« Aber Ulla fixierte wieder etwas über meiner Schulter und fuhr fort, »… sie zerfrisst die Welt, die Gier.« Erst da merkte ich, dass sie so etwas wie ein Gedicht rezitierte. »Ah, klar, okay«, stammelte ich und orderte beim Barmann mit stummen Lippenbewegungen einen Averna. Von Ullas Gedicht ist mir nicht viel mehr in Erinnerung, als dass es dabei wohl um den Irakkrieg ging – und dass es lang war, sehr lang.

Als sie fertig war, sah sie mich erwartungsvoll an, aber mir fiel nichts Besseres ein als: »Wow, das kannst du ganz auswendig? Respekt. Ich konnte mir schon in der Schule keine Gedichte merken.« Da strahlte Ulla plötzlich und ich wusste sofort, dass sie mir besser gefiel, wenn sie ernst und traurig war. Zuviel Luft zwischen den Zähnen und zuviel Zahnfleisch. »Ja«, sagte ich nun, »also das ist beeindruckend, du hast zweifellos Talent. Und gegen den Krieg haben ja zu allen Zeiten die Lyriker ihr Wort erhoben.« Natürlich ging ich damit endgültig zu weit, aber jetzt gab es kein Zurück mehr. »Du stehst da eindeutig in der Tradition von Ingeborg Bachmann und Paul Celan. Diese Verse werden aufrütteln, sie müssen hinaus in die Welt, so schnell wie möglich, äh, also ich meine, bevor der Krieg vorbei ist …« Zu meiner Ehrenrettung muss gesagt werden, dass mir das nicht leicht über die Lippen kam, und ich nahm mir vor, als Buße in den nächsten Tagen Bücher von Bachmann und Celan zu kaufen. Ulla hatte sich inzwischen wieder ausgeklinkt und zu einem zweiten Gedicht angesetzt. Nur an die Verszeile »Mein Wort ist scharf wie Paprika« kann ich mich noch erinnern.

Bis wir dann endlich das »John's« verließen, dauerte es sicherlich noch zwei Stunden, während derer Ulla mir mehr oder weniger durchgehend Gedichte aufsagte. Ihre Gedächtnisleistung war wirklich beachtlich. Einmal drückte ich ihr einfach mitten in ihrem Vortrag meinen Mund auf die Lippen, eigentlich mehr, um sie zum Schweigen zu bringen als in blinder Leidenschaft, aber sie zog sofort zurück und sagte empört, die beste Strophe käme erst noch und ich solle mich konzentrieren. Am Ende war ich fast wieder nüchtern, fühlte mich aber in der Magengegend gar nicht gut und im Taxi musste ich den Fahrer bitten, langsamer in die Kurven zu gehen. Wir hatten es zum Glück nicht weit, Ulla wohnte in einem scheußlich-funktionalen Neubauwohnblock, und im Fahrstuhl küssten wir uns dann endlich. Ich bilde mir nicht ein, begnadet zu küssen, aber was Ulla da in meinem Mund veranstaltete, ließ mich die ganze Liftfahrt über an einen außer Kontrolle geratenen Gartenschlauch denken. Auch gelang es mir immer noch nicht, ihren Mundgeruch zu ignorieren.

»Jetzt hob i gar nimmer aufräumen können«, sagte Ulla, als sie die Tür aufschloss, und ich lachte, weil man das zu unangekündigtem Besuch immer sagt, und antwortete, dass wir ja das Licht auslassen könnten. Der Anblick ihrer Wohnung war dann aber doch erstaunlich. Ich gebe zu, ich bin ein ordentlicher Mensch, aber bei anderen durchaus toleranzbegabt. Mich störte weder die Schmutzwäsche im Flur noch die leeren, umgefallenen Bierflaschen, nicht einmal das ungesäuberte Katzenklo, in das ich fast hineinstieg, sondern allenfalls der beißend-muffige Geruch – eine Mischung aus Zoobesuch und Jugendzentrumsfeier. Auf dem Telefontischchen stand ein Teller mit halb verzehrtem Döner, daneben eine ausgedrückte Kippe. Ich habe nichts Generelles gegen Frauen, die gerne Fleisch essen, auch wenn es mir lieber ist, wenn sie beim Imbissstand Falafel ohne Zwiebeln bestellen. Aber meine Übelkeit nahm plötzlich drastisch zu und ich zwang mich daran zu denken, wie Ullas Tattoo wohl beim Sex von hinten aussah. Ich fragte, wo die Toilette sei, aber da wurde es kaum besser. Neben der Schüssel stand ein Korb mit schmutziger Unterwäsche. Normalerweise finde ich so etwas eher aufregend als abstoßend, aber in dem Fall sah es wirklich nicht schön aus. Und nicht nach gewissenhafter Körperhygiene. Ulla folgte mir ins Bad, was mich nun schon fast empörte – so sollte sie mich wirklich nicht sehen.

»Ne, warte mal, ich sitze hier noch auf …«, begann ich, war dann aber doch erleichtert, als sie sagte, sie würde noch gerne schnell duschen. Ich hoffte, sie würde sich auch die Zähne putzen. Meine Verfassung verbesserte sich schlagartig, als sie sich mit einer einzigen, fließenden Bewegung das Kleid über den Kopf zog und augenblicklich in schwarzer Unterwäsche vor mir stand. String und durchsichtiger Seiden-BH. Vom Feinsten.

Ich saß immer noch auf der Kloschüssel, stand jetzt aber auf, zog meine Hose behelfsmäßig hoch, sagte »Lass mich das doch machen«, und griff nach einer ihrer Brüste wie nach einer Süßigkeit. »Geduld, Mäuschen, Geduld«, sagte sie und entwand sich. »Äh, wie hast du mich da eben genannt«, fragte ich, aber sie hatte sich schon ganz entblößt und war hinter dem Duschvorhang verschwunden. Mundgeruch hin oder her, die Silhouette ihrer Brüste sah fantastisch aus. Jetzt war ich doch schon ganz ordentlich in Fahrt und überlegte, ob ich ihr in die Dusche folgen und die Sache frontal angehen sollte, aber dann rief Ulla durch das Rauschen des Wassers, mit großer Erleichterung in der Stimme: »Oh, Mann, ich muss schon seit Stunden aufs Klo!«

Kein Zweifel: Sie pinkelte in die Dusche. Klar, das macht jeder mal, aber es war im Augenblick mehr, als ich konkret vor Augen geführt haben wollte. Ich verließ das Bad und fand Ullas Schlafzimmer. In der Tür blieb ich erst mal stehen und überlegte, ob ich hier wirklich hineinwollte, ob es das alles wert war. Eng und voll gestopft war Ullas Zimmer, ein undurchdringliches Sammelsurium aus zerknüllten Klamotten, Plattencovern, Stiften, Murmeln, Chipstüten, vertrockneten Pflanzen, Gläsern und allerlei Mädchen-Kram. Ein dunkles Loch, ein Trödelladen mit Schlafgelegenheit. Am anderen Ende des Zimmers lag das Bett, oder vielmehr: die lose Matratze unter dem Fenster, und ich fragte mich, wie ich dorthin gelangen sollte. Erst kürzlich hatte ich einen Artikel über das Messie-Syndrom gelesen, über Menschen, die nichts wegwerfen können und irgendwann in ihrem eigenen Müll versinken. Ich hatte den Artikel meiner Mutter hingelegt, bei der ich schon erste Symptome auszumachen glaubte, aber sie hatte ihn einfach auf den Stapel *noch zu lesender Zeitungen* gelegt. (Die untersten Ausgaben waren aus dem Jahre 1991.)

Das Schlimmste an dem Anblick, der sich mir bei Ulla bot, war vielleicht das Poster, das über dem Bett an der Wand hing: jene Schwarzweißaufnahme farbiger Gerüstarbeiter, die hoch über Manhattan bei der Mittagspause auf einem Eisenvorsprung sitzen, ohne Halt und unter sich nichts als Tiefe. Ich erinnerte mich, dass mein Kumpel Philipp das gleiche Bild mit dreizehn in seinem Kinderzimmer hängen hatte. Vielleicht war es die plastische Räumlichkeit in dem Poster, vielleicht auch einfach nur die prekären Gesamtumstände (es ging inzwischen auf halb sieben zu), aber mir wurde mit einem Mal so schwindlig, dass ich mich am Türrahmen abstützen musste. Irgendwo weit hinter mir sang jemand unter der Dusche.

Das war Ulla, jetzt fiel mir Ulla wieder ein, ich war ja bei Ulla. Ich musste nun konzentriert vorgehen, das war klar, sonst würde hier nichts statistisch Relevantes mehr passieren. Als Erstes machte ich das Licht aus. Was man nicht sieht, kann einen nicht stören. Langsam tastete ich mich in den Raum hinein, bis ich an ihre Stereoanlage stieß. Gute Idee, Musik konnte nicht schaden. Ich flippte durch ihre CDs, suchte nach Jazz, Swing, Soul, ganz egal, nur irgendetwas Sinnliches – aber keine Chance. Stattdessen: sämtliche Alben von Meat Loaf. Ich fummelte am Radioknopf herum, bis ich einen Nachrichtensender fand. Der Sprecher berichtete gerade von diversen Großbränden, die in der Nacht durch Silvesterraketen ausgelöst worden seien. Endlich wurde ich ruhiger, ich merkte, wie ich langsamer atmete. Die tiefe, sonore Stimme des Nachrichtensprechers drang so wohltuend zu mir wie die eines lange verschwundenen Freundes. Es gab also noch eine

Welt da draußen. Ähnlich mussten sich im Zweiten Weltkrieg die Gefangenen im Ghetto gefühlt haben, wenn sie mit selbst gebastelten Transistoren erstmals verrauscht die Stimmen der weit entfernten BBC-Kommentatoren empfingen. Natürlich verbot sich der Vergleich, aber ich fühlte mich trotzdem wie ein letztes Aufgebot auf feindlichem Terrain. Wie gesagt, die prekären Gesamtumstände …

Ich hörte Ulla aus der Dusche steigen, immer noch singend. Ich drosselte die Lautstärke des Radios, bis die Stimme des Sprechers nur noch ein nicht mehr verständliches, aber wohlig im Hintergrund tropfendes Murmeln war, arbeitete mich weiter durchs Zimmer vor bis zum Bett und begann hektisch an meinen Klamotten zu zerren. Nur die Unterhose ließ ich an – ich wollte den Geschenke-Auspacken-Effekt nicht ganz zerstören. Zugegeben, es kostete mich etwas Überwindung, die Decke zurückzuschlagen und ins Bett zu steigen.

Ich schlafe ohnehin nicht sonderlich gerne in Betten, die ich nicht selbst bezogen habe, und dieses war klamm und, wie ich mir einbildete, irgendwie klebrig. Ich fuhr mit der Hand unter die Decke und in meine Shorts, wollte schon mal ein bisschen Vorarbeit leisten, dann konnten wir uns vielleicht das Vorspiel sparen. Denn jetzt im Liegen machte sich langsam die Müdigkeit bemerkbar. Ich hatte die Augen geschlossen und versuchte mir ein paar Schweinereien vorzustellen. Als ich wieder aufblickte, sah ich mich rechts einer Armada von Stofftieren gegenüber, die mich mit Blicken aus Knopfaugen straften. Ich beförderte sie mit groben Tritten von der Matratze. Gerade als ich einen bis zur Ranzigkeit abgekuschelten Alf an seinem Rüssel packte und zum Wurf ausholte, kam Ulla herein.

»Ah, ihr habts euch schon bekannt gemacht«, flötete sie, wurde aber augenblicklich streng, als spielte sie Kindertheater: »Na, na, i glaub aber nicht, dass Monsieur Alf das gefällt.« Alf hieß bei ihr

»Olf«. Sie hatte ihr nasses Haar streng nach hinten gekämmt und trug nur ein knappes weißes Handtuch um Brust und Taille. Das kam ihr doch schon ziemlich nahe, meiner aus Atlantis entführten Nixe. Oder zumindest der Südseebiologin. Plötzlich war ich nicht mehr müde. Ich wartete, bis sie in Greifnähe war, stieß wie ein lauerndes Tier meine Arme unter der Decke hervor, packte sie an beiden Arschbacken und zog sie an mich heran aufs Bett.

Sie stieß einen spitzen Schrei aus und lachte laut los. Oder eher: gackerte, quakte, wieherte, ich weiß nicht was. Aber es klang nicht menschlich. Bis jetzt hatte ich Ulla den ganzen Abend nicht lachen gehört – und das war auch besser so gewesen, wie ich jetzt merkte. Sex und Lachen schließen sich aus. Sex ist nicht lustig, höchstens von außen betrachtet. Frauen, die im Bett lachen – ganz heikel für Männer. Das löst sofort Urängste aus. In Film und Fernsehen kichern Sexpartner beim Vorspiel oft miteinander, was ihre große Vertrautheit verdeutlichen soll. In Wahrheit wäre das ein deutliches Symptom für die Agonie ihrer Leidenschaft und Beweis dafür, dass im Bett nichts mehr läuft.

»Ubi vom Gas, Schumi!«, grölte Ulla, und ich versuchte ihr die Zunge in den Mund zu stecken, um dieses schreckliche Geräusch nicht mehr hören zu müssen. Doch Ulla warf ihren Kopf hin und her und plärrte: »Hilfe, Monsieur Alf! Hilfe!« Ich ließ von ihr ab, das war zuviel, einfach zuviel. »Wenn du noch einmal diesen beschissenen Alf ...«, sagte ich sehr langsam und mit erhobenem Zeigefinger, der genau zwischen Ullas Brüste zeigte. »O-oh«, machte Ulla und klang jetzt wie eine Mutter, die mit ihrem trotzigen Kind schimpft, »das hör'ma aber gar nit gern, gell, Monsieur Alf?« Sie griff neben das Bett und nach Monsieur Alf, der nun tatsächlich irgendwie beleidigt aussah. Ich versuchte einen letzten argumentativen Ausfall: »Hör mal, Ulla, es ist tierisch spät, können wir nicht einfach ...«, fast hätte ich gesagt, *die Sache hinter uns bringen,* »... naja, das machen, wofür wir hergekommen sind? Ich meine, ich will dich, du siehst unglaublich sexy aus, und …« »Ich fürchte, da musst du dich erst beim Monsieur Alf entschuldigen«, sagte Ulla, immer noch in Babysprache. Das durfte einfach alles nicht wahr sein. Sie hob Alf vor mein Gesicht und sagte: »Mir ham Zeit.«

Unter anderen Umständen wäre ich nun aufgestanden und hätte mich wortlos angezogen. Doch durch unser Gerangel war Ullas Handtuch heruntergerutscht – und bei diesem Anblick war Gehen einfach keine Option mehr. Ich wand mich, als sollte ich eine faule Auster schlürfen, sagte aber schließlich: »Also gut, es tut mir leid, Alf, war nicht cool von mir, nichts für ungut.« Ich hasste mich dafür. Und Ulla. Und die Welt. »Brav so, du böser Junge«, sagte Ulla und wedelte mit Alf vor meinem Gesicht herum, offensichtlich sollten das seine Worte sein. »Und jetz' gibst ihm noch einen Kuss.« Da sah ich endgültig rot. Ich riss Ulla den verdammten Alf aus der Hand und schleuderte ihn quer durchs Zimmer. Dann warf ich mich auf sie, drückte meinen Mund auf ihren, als sie wieder losquieken wollte, und kippte sie nach hinten aufs Kissen. »Ein wirklich böser Junge«, sagte Ulla erneut, als ich mich an ihren Brüsten zu schaffen machte, aber das war jetzt auch schon egal – jetzt bekam ich, was mir zustand. Investitionen haben Anspruch auf Rendite. Immerhin wiegte sie sich erstklassig unter mir, hatte ihren Kopf lasziv in den Nacken gelegt und ihre Fingernägel fuhren mit sanftem Druck über meinen Rücken. Ich zog mit einem energischen Ruck das Handtuch unter ihr weg und fühlte mich dabei so verrucht, als hätte ich ihr die Unterwäsche zerrissen. Dass Männer sexuell eher schlicht konstruiert sind, hat auch seine Vorteile. So ist es immer wieder wie ein Wunder, wenn man eine nackte Frau vor sich sieht.

Jeder hat ja eine Art Standardprogramm auf Lager, das er in einem Notfall wie diesem abrufen kann, wenn die prekären Gesamtumstände die kreative Energie hemmen. Ich ertappte mich dabei, wie ich bereits jetzt darüber nachdachte, wie ich nachher am schnellsten hier raus und nach Hause kam. Und wo wir am Nachmittag mit den Jungs das Neujahrsspringen anschauen würden. Und ich merkte, dass ich mein Repertoire im schnellen Vorlauf abspulte. Ich arbeitete mich von Ullas Brüsten flink abwärts vor und war erleichtert, dass ich mich keinem zu überwindenden Dickicht gegenübersah. Ich übersprang das langsame Sich-Herantasten und zärtliche Umkreisen, das quälend-schöne Hinauszögern der letzten Landnahme und ging sofort zu meiner Spezialdisziplin über. Gerne würde ich behaupten, ich hätte sie bis zur Perfektion dutzendfach erprobt, aber das stimmt leider nicht. Trotzdem schien es Ulla zu gefallen, denn sie stöhnte jetzt laut, und ich bekam das Bild eines wiehernden, toll gewordenen Esels einfach nicht aus dem Kopf, das ich vor ein paar Tagen in einer interessanten Dokumentation über Demenz bei Tieren gesehen hatte.

Überhaupt denke ich beim Sex oft an die seltsamsten Dinge. Zum Beispiel, was die an sich eher dissonanten Geräusche dabei für eine evolutionäre Funktion haben. Oder ob der Nachrichtensprecher wohl eine Silvesterzulage bezahlt bekam. Das muss jetzt reichen, entschied ich und schob mich wieder nach oben. Ulla war jetzt sichtlich bei der Sache, und ich machte mich daran, Hals und Ohrläppchen zu liebkosen, um ihr die Möglichkeit zu geben, nun ebenfalls zum Angriff überzugehen. Das klingt recht ökonomisch, aber Sex besteht ja letztlich aus Tauschgeschäften. Leider machte Ulla keine Anstalten, ihr Geschenk auszupacken. Stattdessen begann sie, mir etwas ins Ohr zu hauchen. Ich bin kein großer Freund von Dirty Talk, aber gut, okay, so viel Zeit musste sein. »Grau ist der Tag / Grau ist die Nacht ...«, flüsterte Ulla, und ich erschrak, als hätte sie mich gebissen. »Nein, nein«, fuhr ich sie an, »bitte keine Gedichte jetzt«, und erklärte sofort, dass ich es vorzöge, beim Sex nicht zu sprechen.

Ich musste mich im Ton vergriffen haben, denn Ulla verstummte augenblicklich, und für einen Moment blickten wir uns wie erstarrt an, als hätte ich sie geschlagen. Es war sofort klar, dass die Situation kurz davor war zu kippen. »Also, ich meine ...«, stammelte ich, wusste aber nicht weiter und fuhr panisch mit der Hand auf ihrem Körper auf und ab. Ulla rührte sich nicht mehr. Das war's, keine Frage, ich hatte es verbockt. Doch dann sagte sie: »Na gut, dann mach halt«, öffnete ihre Beine und sah zur Seite. Ihre Stimme klang nun tief und traurig, genau so, wie ich sie mir am Anfang im »John's« vorgestellt und gewünscht hatte. Natürlich fühlte ich mich schlecht. »Hey«, sagte ich und versuchte, irgendwie den Flurschaden rhetorisch abzuwenden, »hey, das war doch nicht so gemeint, aber ich finde das so aufregend mit dir, da will ich mich von nichts ablenken ...« »Is' scho guat«, unterbrach mich Ulla, ohne mich anzusehen, »aber schau bittschön, dass du ihn rechtzeitig rausziehst, i hab keinen Bock auf Stress.«

So etwas lässt einen nicht kalt. Ich hatte plötzlich das sichere Gefühl, dass diese Frau schon viele miese Kerle erlebt hatte – und jetzt war ich einer davon. Ich hatte eine Meerjungfrau retten wollen, und was tat ich stattdessen? Ich degradierte jemanden, der Nähe suchte, zu einem Stück Fleisch. Doch das Schlimmste war, dass ich trotzdem nicht zurückkonnte. Ich sprang vom Bett, kramte hektisch meinen Geldbeutel aus der Jeans und das abgewetzte Notfall-Kondom aus dem Geheimfach und rief triumphierend, als würde damit nun alles gut, »Nein, sieh mal, ich hab sogar ein ...«, verstummte jedoch, als ich sah, dass Ulla an ihrem großen Zeh knibbelte und gähnte. Noch bevor ich zurück im Bett war, hatte ich das Kondom aufgerissen und stülpte hilflos an mir herum. Meine Standfestigkeit hatte durch den Disput merklich gelitten und ich wusste mir nicht anders zu helfen, als Ulla zu bitten, mir ein wenig auf die Sprünge zu helfen. »Sonst no' was?«, antwortete sie nur verächtlich und drehte sich zur Wand. Ich musste also selbst Hand anlegen. Es war erbärmlich, ich wünschte, ich hätte an dieser Stelle einen Filmriss. Als ich endlich wieder auf dem Damm war, tippte ich Ulla auf die Schulter und sagte wohl tatsächlich so etwas wie: »Also, ich wär dann soweit.«

Da musste sogar Ulla lachen. Ihre Beine ließ sie mich widerstandslos spreizen, und als ich ohne weitere Verzögerungen mein Ziel erreichte, sang wie immer (und das meine ich genau so: bei jedem einzelnen Mal) Freddy Mercury, den Anfang von *Don't stop me now* in meinem Kopf. Ich habe noch nie käuflichen Sex in Anspruch genommen, aber so in etwa stelle ich ihn mir vor: Ulla war so beteiligt, als ginge sie in Gedanken Rezepte für die Gesellenprüfung durch. Ich war unschlüssig, ob ich mich reinhängen und versuchen sollte, auch ihr Lust zu verschaffen, oder ob es für alle Beteiligten nicht das Beste war, dies Trauerspiel so schnell wie möglich zu Ende zu bringen. Ich entschied mich für Letzteres, zumal Ulla, als ich ihr zuflüsterte, dass ich nun doch gerne eines ihrer Gedichte hören würde, antwortete: »Noch so'n Ding – Augenring, noch so'n Spruch – Kieferbruch.« Das fand ich wirklich schlagfertig.

Der Rest ist nicht erwähnenswert. Als es vorbei war, wusste ich nicht, ob ich gehen oder liegen bleiben, ob ich Ulla streicheln oder in Ruhe lassen sollte. Wenn das Klischee, dass man sich nach einem Orgasmus leer fühlt und sich und die Welt verachtet, jemals zutraf, dann hier. Nichts war zu hören als das leise Murmeln des Nachrichtensprechers, der mir nun wie der Zeuge eines Verbrechens beim Verhör erschien. Ich überlegte wirklich einen Moment, ob man für das, was ich getan hatte, ins Gefängnis kommen konnte. Ich richtete mich auf, setzte mich auf die Bettkante und stützte meinen Kopf auf die Hände. Wann hatte all das begonnen, in die falsche Richtung zu laufen? Schließlich sagte ich den ersten ehrlichen Satz seit Beginn des Abends: »Hör mal, Ulla, ich kann dir das jetzt nicht erklären – aber das tut mir alles irgendwie leid.« Nach einer längeren Pause antwortete sie: »Mir auch.« Dann fischte sie die Decke vom Boden, verschwand darunter, und an den Umrissen ihres Körpers erkannte ich, dass sie die Embryonalstellung eingenommen hatte, in der auch ich am besten schlafe. Im Bett war kein Platz mehr für mich. Ich stand auf, zog mich an und murmelte einen schnellen Abschiedsgruß.

Sie hat mir ihre Gedichte nie geschickt, das muss man Ulla zugute halten. Ich hatte mir schon eine Liste mit Verlagen und Agenturen gemacht, an die ich sie weiterverweisen wollte, um somit zumindest guten Willen zu zeigen. Noch immer denke ich mit Schuldgefühlen an die Nacht zurück.

Ich möchte im Nachhinein gar nicht mehr ausschließen, dass sie ein gewisses Talent und Sprachgefühl besitzt. Aber gerade so kleine Verlage wie unserer müssen leider oft brutal aussortieren, mitunter gegen unseren eigenen Willen und Geschmack. Lyrik verkauft sich einfach zu schlecht.

ICH BIN DOCH VIEL ZU HÄSSLICH!

Laurent (25), Tontechniker, Berlin
über
Nicole (24), Verkäuferin, Haltern

Wir waren nachts mit der Band unterwegs, Felix, Sven, Martin und ich, nach einem Auftritt in Haltern am See. Wir hatten vor vielen Leuten gespielt, anschließend fünfunddreißig CDs verkauft und waren extrem gut gelaunt. Nach Auftritten sind wir ohnehin ziemlich gepusht, dann ziehen wir durch die Gegend und haben die besten Abende.

Zum Weiterfeiern gab es allerdings nur eine riesengroße Schalke-Kneipe, die ungefähr zweihundert Leute fasste. Bierdunst und Rauchschwaden waberten uns entgegen, zum Ambiente passend bestellten wir Jägermeister. Nach zwei Runden schauten wir uns um, was die Dorfjugend denn so hergab. Gar nichts, das war schnell festgestellt. Um uns herum saßen rauchende ältere Männer, ein paar grau gelockte Muttis und säuerlich dreinblickende Junggesellen mittleren Alters. Nach dem sechsten Schnaps fielen uns dann doch zwei Gestalten ins Auge, über die unser Blick vorher noch hinweggeglitten war. An einem Tisch neben der Tür saß ein dünnes, etwa sechzehnjähriges Mädchen mit Mausegesicht und Locken neben einem blonden Mädchen mit struppigen Haaren und aufmüpfigem Blick. Mit hochgerecktem Kinn blickte sie zu uns rüber. Sie erinnerte mich an Herrn von Bödefeld aus der Sesamstraße.

»Haha, guckt mal! Tiffy und Frau von Bödefeld!« Ich zeigte in die Richtung der beiden Mädchen. Meine Jungs lachten schallend, was die Blonde sofort veranlasste, den Arm der Kleinen zu ergreifen und das stolpernde Mädchen zu uns rüberzuziehen. Breitbeinig baute sie sich vor mir auf und legte den Kopf in den Nacken.

»Was lacht ihr so doof? Wer seid ihr?« Ihre Augen funkelten mich böse an. Unsicher trat ich zurück. Meinen Kommentar konnte sie doch nicht gehört haben? Vorsichtshalber wich ich noch einen Schritt zurück, murmelte den Namen unserer Band und dass wir heute ein Konzert gegeben hätten. Felix, unser Drummer, fand das offenbar sehr lustig und hob in bibbernder Geste die Hände vor die zitternde Unterlippe, um mich nachzuäffen.

Nun wandte sich die Blonde an ihn.

»Hallo. Ich bin Nicole und das ist Sandra! Wie heißt ihr?« Felix stellte uns der Reihe nach vor, zog einen Barhocker für die Blonde heran und orderte noch eine Runde Kurze für alle. Sven und Martin gingen zu dem frei gewordenen Billardtisch, so dass ich allein mit der Kleinen vorm Tresen stand. Schüchtern lächelte sie mich an. Ich hielt ihr das Schnapsglas hin, das sie wie ein giftiges Insekt beäugte, bevor sie danach griff.

»Willste lieber 'ne Cola?«, fragte ich noch, doch da war es schon zu spät. Sie kippte das Glas hinunter, schnappte keuchend nach Luft, ihr schmächtiger Körper wurde von Husten geschüttelt. Die alten Männer am Tresen lachten und freuten sich. Auch Felix und Nicole lachten. Betreten klopfte ich Sandra auf den Rücken, das hatte ich nicht gewollt.

»Geht schon wieder … bestellst du mir 'ne Rum-Cola?«, keuchte sie mit erstickter Stimme und wischte sich Tränen aus den Augenwinkeln.

»Sofort!« Ich war erleichtert, denn offensichtlich war es nicht das erste hochprozentige Getränk ihres Lebens. Ich wäre gern gegangen, doch ich wollte sie nicht so allein stehen lassen, also begann ich ein Gespräch. Naja, Gespräch, ich erzählte ihr irgendetwas über meine Schuhe, und dass ich schon zum dritten Mal die gleichen gekauft hatte. Ich langweilte mich selbst beim Zuhören. Eigentlich hätte ich mich lieber wieder mit Felix unterhalten, doch der erklärte Nicole gerade lallend ein wirres Stück Musikgeschichte. Sie hatte ihre Arme auf den Tresen gelegt und mit vorgebeugtem Oberkörper ihre großen Brüste so darauf platziert, dass sie unnatürlich hochgedrückt wurden. Auch rutschte sie beim Zuhören immer näher an Felix heran und riss die Augen auf. Es sah besorgniserregend aus, so als würde sie gleich vom Stuhl fallen, doch er schien das nicht zu bemerken. Ich setzte mich mit Sandra an den Tresen und beobachtete die beiden. Als Felix aufstand und Richtung Toilette wankte, drehte sich Nicole zu mir um.

»Du, ich steh total auf deinen Kumpel!« Sie wirkte aufgekratzt und betrunken. Ich betrachtete ihr bleiches flaches Gesicht, die struppigen Haare, die schwammigen Oberarme, nickte freundlich und schwieg.

»Schon gut, ich weiß ja, das wird eh nichts! Ich bin doch viel zu hässlich!«

Oje!

»Ach, Quatsch!«, widersprach ich, denn sie tat mir leid. Ohne die Folgen für Felix zu bedenken, ermutigte ich sie weiter.

»Mach dir mal keine Sorgen! Kauf dem Felix einfach noch zwei, drei Jägermeister, dann klappt das schon!«

»Wirklich?« Für einen Moment schienen ihre Augen zu blitzen, vielleicht habe ich mir das aber auch nur eingebildet.

»Klar! Wenn du Lust darauf hast, dann mach doch! Weißt du, es ist doch egal, wie man aussieht, wichtig ist, wie man rüberkommt!« Ein Satz wie aus der Sesamstraße, ich fühlte mich sehr weise. Und ich wusste, dass mein Freund leicht zu überzeugen war. Er konnte ein richtiges Flittchen sein. Ich kenne Felix seit der Grundschule, er konnte einfach noch nie nein sagen. Sobald jemand Felix schmeichelt, hat er ihn in der Hand. Ist eine Frau in ihn verliebt, wird er die Gesellschaft der Unglücklichen suchen, um sich am Geliebtwerden zu weiden. Und wenn er erst mal betrunken ist, wird er geradezu zum Freiwild.

Felix sieht gut aus, ist witzig und kann sehr charmant sein, und doch ist er ständig auf der Suche nach Bestätigung. Völlig wahllos, leider. Immerzu und unbedingt möchte er bewundert und geliebt werden. Mitunter beobachte ich mit Schrecken, wie manipulierbar ihn das macht. Aber ab und an treibe ich auch meine Spielchen mit ihm, allein schon, um ihm seine Verhaltensauffälligkeiten anschließend vor Augen zu führen. Ich beschloss, dies auch heute Abend zu tun. Und ich hatte mich auf Nicoles Seite geschlagen.

Als Felix zurückkam, griff ich nach seinem Arm. »Die steht total auf dich! Cool!«

Misstrauisch suchte Felix in meinen Augen nach Spuren von Ironie, konnte jedoch keine finden.

»Ja, oder? Sieht ganz so aus.« Beschwingt durch meine Worte ließ er sich am Tresen nieder und war bald wieder in einen Monolog vertieft, während Nicole meiner Empfehlung nachkam und weitere Schnapsgläser orderte und zahlte. Sie war ganz dicht an Felix rangerückt und ich sah, dass ihre Hand auf seinem Oberschenkel lag. Ich unterhielt mich beiläufig mit Sandra, insgeheim hoffend, dass Sven und Martin bald ihr Billardspiel beenden würden. Nach einer Weile stand Nicole abrupt auf und unterbrach Felix in seinen Ausführungen.

»Was ist denn jetzt?«, fragte sie herrisch und stemmte die Hände in die Hüften.

»W-was meinst du?

»Nimmst du mich mit zu dir oder gehen wir runter?« Mit einem Kopfnicken verwies sie auf die Kellertreppe, die zu den Toilettenräumen führte. Felix fuhr zusammen.

»Ich k-kann dich nicht mitnehmen. Wir sind doch zu viert ...«

»Okay, dann kommst du halt mit mir!«, rief sie bestimmt, griff nach seiner Hand und zog ihn quer durch das Lokal, so wie sie es zuvor mit Sandra getan hatte. Er ließ es sich nicht nehmen, noch einen stolzen Blick in die Männerrunde zu werfen und mir verschwörerisch zuzuzwinkern. Dann stieg er von neugierigen Blicken verfolgt hinter Nicole die Kellertreppe runter und war verschwunden.

»Habt ihr das gesehen! Ich fass es nicht!« Martin war neben mir aufgetaucht. Ungläubig den Kopf schüttelnd, blickte er den beiden hinterher. Auch Sven war zurückgekommen. Er lachte.

»Krass! Immer dasselbe mit Felix! Der macht auch vor nichts Halt! Und die …« Ich stieß ihn an, bevor er irgendwelche Beleidigungen ausstoßen konnte, schließlich saß Sandra noch mit uns am Tresen. Die hatte sich mir gerade zugewendet: »Hast du eigentlich eine Freundin«, fragte sie und klimperte mit spärlich bewimperten Augenlidern. Ich nickte eifrig.

Nach ungefähr zehn Minuten kam Felix die Kellertreppe hoch. Sein triumphierender Gesichtsausdruck hatte sich in eine Maske des Schreckens verwandelt. Er war allein. Gequält blickte er in unsere erwartungsvollen Gesichter, während fremde Männer ihm vom Tresen her zuprosteten, ein paar johlten sogar.

»Können wir abhauen? Sofort?«, fragte er mit flehendem Unterton. Sein Blick war gehetzt und er schien nass geschwitzt zu sein.

»Alter, was ist passiert? Was hast du gemacht?«

»Ich hab gar nichts gemacht!«

Wir lachten. Laut.

»Denkt ihr etwa, ich hätte was mit der gehabt? Spinnt ihr?! Niemals! Wir haben uns bloß unterhalten!«

Kollektives Hohnlachen war die Antwort. Felix tat mir leid. Ich lachte zwar mit, doch ich fühlte mich schuldig. Mein Freund zog schnell seine Jacke über und lief Richtung Tür, wobei er ängstliche

Blicke zurück zur Kellertreppe warf. Nicole war immer noch nicht aufgetaucht. Wir folgten ihm, stiegen in unseren Bus und fuhren Richtung Berlin, während Sven und Martin ununterbrochen ungnädige Witze über unseren Drummer machten. Doch aus ihm war nichts mehr rauszukriegen. Mit angezogenen Knien saß er auf seinem Sitz und starrte apathisch aus dem Fenster. Nach zehn Minuten schreckte er hoch: »Oh nein! Wir müssen zurück! Ich hab meinen Laptop in der Kneipe stehen lassen!«

Wir rasten so schnell wir konnten zurück, auf dem Rechner waren alle wichtigen Daten, unser aller Leben! Was war denn mit Felix los? Mit quietschenden Reifen hielten wir kurze Zeit später vor dem Laden. Ängstlich erhob sich Felix und griff nach dem Türgriff, wandte sich dann aber mit leiser und doch eindringlicher Stimme an mich: »Laurent, kannst du für mich da reingehen? Bitte!«

Sobald ich das Gasthaus betrat, winkte mir der Wirt hinterm Tresen. Er hielt die Laptoptasche hoch, die ich erleichtert an mich nahm. Kurz bevor ich rausging, drehte ich mich um und warf einen letzten Blick durch den Raum. Ich erkannte den struppigen Haarschopf der Frau von Bödefeld, die in inniger Umarmung mit einem der Schnurrbärtigen an einem Ecktisch saß. Er vergrub gerade seinen Kopf in ihrem zyklopischen Ausschnitt.

Ich ersparte es Felix, meine Beobachtung im Bus kundzutun, schließlich sind wir doch Freunde. Wortlos reichte ich ihm die Laptoptasche, die er wie einen Schutzschild umklammerte und bis zum Ende der Fahrt nicht mehr losließ. Wir löcherten ihn unablässig, doch es war nichts aus ihm rauszukriegen. Als ich ihn später allein gefragt habe, was überhaupt an dem Abend gelaufen sei, beharrte er darauf, dass Nicole ihm nur einen runtergeholt habe. Und das schlecht, viel zu hektisch und grob. Ich glaube nicht, dass das die Wahrheit ist und frage mich bis heute, was da passiert sein könnte. Ich werde es wohl nie erfahren.

BESSER, DU GEHST JETZT

Claudio (28), Jurastudent, Berlin
über
Johanna (27), Zahnarzthelferin, Berlin

A ls ich vor anderthalb Jahren Johanna kennen lernte, wohnte ich in einer kleinen Hinterhofwohnung in Schöneberg. Es gab ausschließlich Einzimmerwohnungen im Haus, nur junge Leute oder Junkies zogen dorthin. Das war noch bevor mir das BAföG gestrichen wurde und ich von Nebenjob zu Nebenjob hetzen musste, also war ich zu dieser Zeit ziemlich viel zu Hause.

Es war ein heißer Sommermonat, die schwülen Nächte ließen sich nur mit geöffneten Fenstern ertragen. Immerhin wohnte ich in einer ruhigen Straße, zumindest für Berliner Verhältnisse. Nur ab und an hörte man das Pöbeln des Alkoholikerpärchens aus dem Seitenflügel oder spielende Kinder im Hof. Doch eines Morgens änderte sich das schlagartig.

Es war um 8 Uhr an einem Freitagmorgen, als ich den Wecker zum ersten Mal hörte. Ein schriller Ton, ein Piepsen, das die Luft zerschnitt, durchdringend und laut. Nach etwa einer Minute setzte das Geräusch aus. Ich schlief sofort wieder ein, nur um kurz darauf erneut aus dem Schlaf gerissen zu werden. Der Lärm setzte sich über eine Stunde lang fort, jeweils zwei Minuten Piepsen, vier Minuten Ruhe. Gequält lief ich zum Fenster und sah, dass einige andere Mieter ebenfalls auf den Fensterbänken lehnten und mit wütenden Gesichtern hinaussahen. Doch war die Herkunft des Klanges schwierig zu orten. Es schrillte sicherlich aus den geöffneten Fenstern einer der oberen Wohnungen. Der Schall brach sich an den Wänden, wurde zurückgeworfen, so dass sich sein Ursprung nicht mehr ausmachen ließ.

Am nächsten Tag Punkt 8 Uhr war das Geräusch wieder da. Die Lärmintervalle bohrten sich trotz geschlossener Fenster und Ohrstöpsel in meine Gehörgänge, an Schlaf war nicht mehr zu denken. Wieder hielt es über eine Stunde an. Meine Hoffnung, dass der Verursacher zur Arbeit gegangen war, ohne seinen Wecker auszuschalten und sich dieser nun fröhlich allein in den Tag snoozte, wurde hinfällig, als das Piepen am nächsten und übernächsten Tag erneut den Weckdienst übernahm. Der Nachbar musste verreist sein. Es wird sich schon jemand darum kümmern, dachte ich anfangs, doch es passierte nichts. Abgesehen davon, dass sich an den Briefkästen und in den Hausfluren handgeschriebene Zettel mit unflätigen Beschimpfungen, Morddrohungen und wilden Verdächtigungen häuften.

Nach acht Tagen, mein Biorhythmus war mittlerweile völlig durcheinander geraten, kam mir nachmittags im Treppenhaus ein rothaariges Mädchen entgegen. Mühsam schleifte sie eine Reisetasche hinter sich her und ich erbot mich, ihr das Gepäck nach oben zu tragen. Sie wohnte im fünften Stock, in der Wohnung über mir. »Klein und gemein« stand statt eines Namens neben dem Klingelknopf.

Am nächsten Tag hörte das Piepen auf. Ich hatte den Übeltäter gefunden! Wutentbrannt schrieb ich einen Zettel und befestigte ihn an der oberen Wohnungstür. »Danke fürs Wecken« stand darauf, gefolgt von einigen üblen Grobheiten.

Eine halbe Stunde später klingelte es. Als ich den Hörer abnahm, um zu fragen, wer mich denn besuchen wolle, hörte ich nur ein Kichern durch die Gegensprechanlage. Vor meiner Wohnungstür stand das große rothaarige Mädchen. Sie lachte über das ganze Gesicht und hielt sich sogar den Bauch.

»Haha, war's so schlimm? Wie lang klingelt er denn, wenn man nicht ausmacht?«, gluckste sie fröhlich. Als ich sie nur böse anfunkelte, verlor sie erneut die Beherrschung an eine Lachsalve. Ich fand das Ganze alles andere als witzig, aber ihr Kichern war, wenn auch gewöhnungsbedürftig, so doch ansteckend. Bald standen wir beide lachend im Hausflur.

Von da an klingelte Johanna öfter bei mir. Wenn sie Tesafilm brauchte, einen Schrank verschieben musste, den Namen eines bestimmten Liedes suchte, das sie nur vorsingen konnte, oder nicht wusste, wie man Portemonnaie schreibt. Ich mochte sie gern, aber manchmal wurde es mir etwas zu viel. Doch war es schwer, Johanna etwas übel zu nehmen. Sie hatte viele Freunde, mit denen sie abends in der Küche saß, literweise Sekt trank und rauchte. Manchmal lud sie mich dazu, doch gab es mir zu wenig Mädchen in diesem Kreis, daher blieb ich meist nicht allzu lang. Johanna hatte einen Freund, irgendwo in England, den sie, sobald sie ein paar Tage Urlaub bekam, besuchte. Steven war ein Hooligan – schlechte Tätowierungen, Rugby-Shirt und ein völlig unverständlicher Hafenarbeiter-Slang. Ich hatte einmal Johannas Telefon für sie abgenommen, als er anrief, und nicht einmal verstanden, dass es sich überhaupt um Englisch handelte. Johanna sprach sehr viel von Steven, seinen SMS und den gefühlvollen Mails, und zeigte mir Fotos von einem bleichen, brutal wirkenden Kerl in kurzen Hosen. Ich interessierte mich nicht weiter für die Seelenverwandtschaft der beiden.

Eines Abends hörte ich ein verzweifeltes Schluchzen aus Johannas Wohnung. Sie tat mir leid, wahrscheinlich war der Engländer schuld. Doch ich war bestimmt nicht die richtige Person, sie zu trösten, also fuhr ich ganz normal zur Uni.

Das Schluchzen hielt zwei Tage und Nächte an, mal leiser, mal lauter, aber kontinuierlich hörbar. Irgendwann hielt ich es nicht mehr aus. Ich klingelte so lange, bis das Weinen verstummte.

Einen Moment war es still. Dann klang es, als krieche etwas Großes ganz langsam durch unwegsames Gelände auf die Türe zu.

»Jaha?« Ein kehliges Krächzen.

»Hey, Johanna!«

Stille.

»Ich kann nicht ...«

»Hör zu, Johanna, was immer passiert ist, so schlimm kann es nicht sein. Geh mal duschen und schwing dich rüber. Ich düs' noch schnell zu Penny und hol uns Wodka!«

»Jaha«, röchelte es nach einer Ewigkeit zustimmend.

So selbstvergessen Johanna lachte, so weinte sie auch. Mit nassen Haaren und in einen Bademantel gewickelt, saß sie auf meinem Sofa, ihr Gesicht war rot und ihre Augen verquollen. Steven, die gemeine Ratte, hatte ihr ganz unvermittelt geschrieben, dass er eine andere heiraten wolle und den bald geplanten Besuch abgesagt. Als ich ihr sagte, dass ich den grobschlächtigen Rowdy mit den haarigen weißen Beinen noch nie hatte leiden können, lachte sie gequält. Wir tranken Wodka und wurden ziemlich hysterisch. Johanna begann mir Mails ihres Ex-Freunds vorzulesen, die wie Dialoge aus einem schlechten Porno klangen.

Ich konnte nur staunen – gab es wirklich Menschen, die einander so etwas schrieben? Naja gut, ab und an, wenn es passte, aber ausschließlich auf diesem Niveau?

»Nein, nein, nur beim Sex!«, erläuterte Johanna.

»Ja, das hab ich schon verstanden.«

Auch beim Sex könnte man mit ein wenig mehr Phantasie an die Sache rangehen, doch ich wollte sie in diesem Moment nicht belehren. Ich riet meiner Nachbarin, die Mailsammlung nicht zu löschen, vielleicht könnte man noch lustige Dinge damit anstellen, und wir ergingen uns in amüsanten Vorstellungen, wie herrlich man Steven mit etwaigen Veröffentlichungen würde peinigen können. Johanna, die zwei Tage reglos in ihrer Wohnung gelegen hatte, war aufgedreht und energetisch. Als wir die zwei Wodkaflaschen geleert hatten, klingelten wir bei den Nachbarn, um zu fragen, ob sie noch Nachschub hätten.

Um 1 Uhr nachts zeigten die meisten wenig Verständnis für unser Ansinnen, doch wir blieben hartnäckig und hatten am Ende eine Flasche Bier, eine mit lieblichem Rotwein und eine kleine Schnapsflasche ohne Etikett. Als Mutprobe tranken wir diese noch im Treppenhaus. Dann gingen wir wieder zu mir hoch. Ich weiß nicht, warum wir nicht beim Kindischsein geblieben sind. Wir hätten Obszönitäten an die Hauswände schreiben, Wasserbomben werfen, uns mit Telefonstreichen unterhalten oder einfach nur reden können, was man halt so tut, wenn man betrunken ist. Aber Johanna und ich begingen irgendwann den Fehler, uns zu küssen.

Damit hätte ich zuvor niemals gerechnet, Johanna war alles andere als mein Typ und ich sicherlich auch nicht der ihre. Ich war mit Sicherheit kein Ersatz für ihren Hooliganfreund, dessen Oberarmmuskeln dicker waren als meine Oberschenkel. Zudem überragte sie mich um ein paar Zentimeter.

Es war von vornherein klar, dass dies keine gute Idee sein konnte, doch während ich ihr gerade etwas erklärte (ich weiß nicht mehr was, nur dass es sicherlich witzig und tiefgründig war), küsste sie mich plötzlich. Sie presste ihren Mund gewaltsam auf meinen und während ich wie erstarrt verharrte, zerrte sie an meinem Hemd, riss daran, so dass ich ihr schon aus Angst, sie könne es zerreißen, zu Hilfe kam. Ihr Bademantel fiel zu Boden und mit aufeinander gepressten Mündern umfassten wir unsere Körper. Wir tasteten uns ab, nicht verharren, nicht nachdenken. Es ging alles sehr schnell.

Johannas Hand umfasste meinen Schwanz und zog dran. Ein Schmerzensschrei entfuhr mir.

»Verdammt! Entschuldige. Du bist ja beschnitten!? Das hatte ich bisher noch nicht…«, rechtfertigte sie sich.

Während ich noch überlegte, ob ich Johanna erklären könnte, wie man einen Schwanz anfasst, an dem es keine überflüssigen Hautlappen zum hoch- und runterziehen gab, schubste sie mich leicht nach hinten, so dass ich taumelte und auf dem Sofa zu sitzen kam. Sie kniete sich vor mich auf den Boden. Hinschauen konnte ich nicht. Das war schließlich Johanna, meine Nachbarin, die da ihre Lippen über mich stülpte. Ich legte den Kopf zurück, schloss die Augen, so ging es. Sie war rabiat, doch nicht auf unangenehme Weise. Manche Mädchen haben ihre Zähne nicht unter Kontrolle und wenn sich so ein Zahn erst mal in deine Haut gebohrt hat, ist es anschließend schwierig, sich wieder zu entspannen. Johanna hatte den Mund ganz weit geöffnet, nahm mich tief in den Hals und saugte, während ich langsam die Situation vergaß und mich einfach fallen ließ.

Als es zu heftig wurde, richtete ich mich auf und legte abwehrend eine Hand auf ihren Kopf. Sie hielt inne, gab mich frei und im selben Augenblick sah ich es. Ein blauroter Fleck, der an den Rändern ins Violette changierte – mein Penis war blutunterlaufen. Einen Moment lang war ich vor Schreck wie erstarrt, ich spürte Panik in mir aufsteigen. Johanna folgte meinem entsetzten Blick und nun sah auch sie fassungslos auf mein bestes Stück. Wie in Zeitlupe griff ich nach meinem Schwanz und begann ihn ganz vorsichtig zu befühlen. Ich untersuchte ihn sorgfältig wie ein neugeborenes Baby, doch konnte ich außer den verstörenden optischen Veränderungen keinerlei Symptome feststellen, nichts war zu spüren. Dann begriff ich. Johanna hatte sich festgesaugt und so war nach und nach ein riesiger Knutschfleck entstanden.

An diesem Körperteil hatte ich noch nie einen Knutschfleck gesehen! Vielleicht hatte auch hier das Fehlen der Vorhaut einen Teil beigetragen? Ich wusste es nicht, und obwohl ich keinerlei

Schmerz verspürte und Johanna wie erstarrt vor mir kauerte, stieg eine leise Wut in mir hoch.

»Ich weiß nicht, was du da gemacht hast. Ist dir das schon mal passiert?«, fragte ich mit strenger Stimme.

»N… nein. Nein…« Sie fasste sich und fuhr fort: »Du, das sieht aus wie ein Knutschfleck…?«

»Das macht es nicht besser…«, erwiderte ich ungnädig.

Johanna schluckte, wollte offensichtlich noch etwas sagen, schien sich aber nicht zu trauen. Dann doch: »Aber, wenn es nur ein Knutschfleck ist…« Nur ein Knutschfleck? Ich traute meinen Ohren nicht! »… dann tut es nicht weh, oder?«

Johanna hatte recht, eigentlich tat es überhaupt nicht weh. Doch es sah schlimm aus, sehr, sehr schlimm und die unbestimmte Wut hinderte mich daran, ihr die Wahrheit zu sagen.

»Natürlich, das sieht man doch!«

Bestürzt flackerten ihre Augen zwischen meinem Blick und dem Knutschfleck hin und her. Bevor sie noch etwas entgegnen konnte, fuhr ich fort: »Vielleicht ist es besser, wenn du jetzt gehst…«

»Ist gut. Ich gehe. «

Tränen schossen ihr in die Augen, bevor sie sich langsam erhob und hinausschlich, doch ich war zu sehr um mich selbst besorgt, um mich darum kümmern zu können.

Im Nachhinein tat mir alles leid, eigentlich hatte ich sie doch nur auf andere Gedanken bringen wollen. Diese Behandlung hatte sie nicht verdient, aber es ging immerhin um meinen wichtigsten Körperteil. Kein Wunder, dass ich da überreagierte.

Es dauerte vier Tage, bis der Fleck verschwunden war. Ungefähr ebenso lang drangen herzzerreißende Schluchzgeräusche aus Johannas Wohnung.

EGAL, AUF WEN MAN SPRITZT

Mirko (18), Lehrling, Wiesbaden
über
Candy (22), Pornodarstellerin, Frankfurt

Meinen ersten Sexfilm habe ich zu Grundschulzeiten gesehen, in der ersten Klasse. Vielleicht war es gar kein richtiger Sexfilm, er lief nur knapp zehn Minuten, dennoch war ich nachhaltig beeindruckt – meine erste nackte Frau im Fernsehen. Ich durfte den Nachmittag bei einem Mitschüler verbringen, normalerweise hieß das Mittagessen, anschließend spielen, abends holte meine Mutter mich ab. Bei Dirk zuhause gab es statt Mittagessen einen Süßigkeitenschrank, aus dem wir uns bedienen konnten, was mich restlos begeisterte. Wir setzten uns auf die riesige Kordsofa-Landschaft und stellten den Fernseher an. Dirks Vater hatte einen Film im Rekorder vergessen. Nackte Eingeborene, die aussahen, als hätten sie sich in Mehl gewälzt, liefen durch einen Urwald. Kannibalen kannte ich von Tarzan, diese hier fand ich ziemlich gruselig. Sie konnten nicht reden, nur grunzen und schreien und sie verfolgten eine blonde, ebenfalls nackte Frau.

Die Frau hatte riesige Brüste, und ich musste kichern, weil sie so wackelten. Die Verfolgte wurde gefangen genommen, auf unerhörte Art und Weise betatscht und dann an einen Pfahl gebunden. Ich verfolgte dies alles mit offenem Mund. Die Urwaldmenschen begannen, um den Pfahl zu tanzen. Was dann passiert, weiß ich nicht, da wir Dirks Mutter die Treppe hochkommen hörten und sofort zu »Löwenzahn« umschalteten. Nach diesem Nachmittag wollte ich immer wieder zu Dirk, und wann immer wir allein waren, liehen wir uns heimlich Filme aus dem Geheimversteck seines Vaters. Je älter ich wurde, desto einfacher wurde mir natürlich der Zugang zu Pornofilmen. Wie glücklich schätze ich mich, der Internetgeneration anzugehören, der wirklich alles stets und immer per Mouseclick zugänglich ist.

Vor zwei Wochen bin ich 18 geworden. Ich hätte eigentlich gern sofort an einer Gang-Bang-Party teilgenommen, doch dann stieß ich im Internet auf ein Event, das gleich am nächsten Abend in einem mir unbekannten Club, ganz in der Nähe meiner Wohnung, stattfand. Es war eine Bukkake-Party, also eine Art Massenbesamung, »mit international bekannten Porno-Darstellerinnen». Die Dame, die sich als Wichsobjekt zur Verfügung stellen wollte, war mir aus mehreren Filmen bekannt, ihr Name war mir gleich ins Auge gesprungen. Zwei attraktive »Anblasladys« wurden ebenfalls versprochen. Die Teilnahme war kostenlos, man erhielt sogar ein Freigetränk. Das klang perfekt, auch da es für mich das erste Mal war und ich Bukkake für eine gute Vorbereitung auf andere Veranstaltungen dieser Art hielt. Gangbangs kosten eigentlich immer Teilnahmegebühren und mir war auch ein wenig mulmig bei dem Gedanken zu versagen, während mir alle Teilnehmer und vielleicht eine Videokamera dabei zusehen. Wichsen dagegen stellte ich mir nicht schwierig vor.

Ich ging zu Fuß zu dem Laden. Viel zu früh, denn ich hatte Angst, nicht mehr hineingelassen zu werden. Schließlich war ja alles kostenlos, da musste der Andrang doch enorm sein. Auf einem erstaunlich hässlichen Schild an der Straße stand der Name des Clubs, ein Pfeil in Gestalt eines grinsenden Spermiums wies in den Hof. Der Club lag im Souterrain, um ihn zu erreichen, musste man einen dunklen Hof durchqueren. Als ich eintraf, standen schon ungefähr zwanzig Männer vor der Tür und rauchten. Eine kurze steile Treppe führte in einen großen schlecht beleuchteten Raum von ungefähr hundert Quadratmetern. Die Räumlichkeit wirkte wie eine Lagerhalle, auch da die Ecken mit Trennwänden abgeteilt waren. Selbst gedruckte Schilder wiesen sie als Garderobe, Maskenräume etc aus. Ich war enttäuscht, denn ich hatte mir das Ganze wesentlich glamouröser vorgestellt, schließlich wurde eine internationale Pornodarstellerin erwartet! Am Eingang standen zwei Türsteher, die die eintreffenden Männer musterten. Sie prüften den Alkoholpegel der Besucher nach Augenmaß, nach üblicher Türstehermanier, ohne sie zu grüßen. Ich jedenfalls habe noch niemals einen Gruß über die Lippen eines Türstehers kommen sehen. In der Anzeige hatte gestanden, dass man nicht alkoholisiert erscheinen dürfe. Im Nachhinein allerdings Unsinn, denn es konnte ja jeder drinnen Alkohol bestellen, was allerdings nicht gerade billig war.

An der Eingangstür hing ein selbst gedrucktes Verbotsschild, auf dem die Einnahme von Drogen untersagt wurde, darunter hing ein weiteres Schild, das einen aufforderte, sich als Erstes zum HIV-Test zu begeben, sollte man den Nachweis eines solchen nicht dabeihaben. Weitere Informationen über Programm und Verlauf des Abends suchte ich vergeblich. Ich hatte gar nicht gewusst, dass man in so kurzer Zeit einen Aidstest machen kann und mir wurde sofort etwas mulmig. Man weiß ja nie ... Aber nach Hause gehen wollte ich auch auf keinen Fall, also folgte ich dem Schild, das hinter eine Pappwand wies, an der ein weiteres Schild mit der Aufschrift »Arzt« angebracht war. Dort saß ein kleiner bebrillter Mann hinter einem Aufklapptisch. Vor ihm standen ein Karton mit Spritzen und einer mit Papiertüchern. Er gab mir ein Formular zum Ausfüllen. Ich musste meine Personalien eintragen und unterschreiben, dann wurde mir Blut abgenommen. Ein Tropfen wurde auf den Schnelltest aufgetragen, dann musste ich mich vor der Pappwand zu den anderen Wartenden setzen, bis mein Name aufgerufen wurde. Wort- und teilnahmslos überreichte mir der Arzt ein Papierarmband mit einer Nummer und einen Getränkebon. Es war also alles in Ordnung. Ich nahm alles mit weichen Knien entgegen! 20 Euro kostete der Test, doch das schien mir im Nachhinein gut investiert. Ich ging weiter hinein und setzte mich an die Bar. Mittlerweile bedauerte ich es, allein gekommen zu sein. Doch es war ein spontaner Plan gewesen und man kann ja schließlich auch nicht jeden mit zu einer solchen Veranstaltung nehmen. Also ging ich allein durch den Saal. Überall standen wartende Männer, es geschah nichts, es lief noch nicht einmal Musik. Meine zaghaften Bemühungen, ein Gespräch am Tresen aufzubauen, wurden roh niedergeschmettert, so dass ich schnell den Mut verlor und schweigsam vor mich hin starrte.

Nach mehr als einer Stunde begann die Technik-Crew Scheinwerfer um ein Podest herum aufzustellen und eine Kamera zu justieren, endlich geschah etwas. Mit Kreide zeichneten sie ein Kreuz auf das Podest, dorthin sollte später der Kopf der Pornoqueen gebettet werden. Endlich, endlich traten die Darsteller hinter dem abgetrennten Maskenbereich hervor. Vereinzelte Gäste begannen zu klatschen, hörten jedoch schnell wieder auf – allein Klatschen verunsichert. Drei mir unbekannte Damen und fünf Herren, an Aufmachung und Dress unschwer als Darsteller zu erkennen, bahnten sich nun einen Weg zu der behelfsmäßigen Bühne und warteten daneben, während ein verlebtes graugesichtiges Männchen in einem deplatziert und verlottert wirkenden Anzug zur Bühne schlurfte, mühsam hinaufkletterte und dann ein herzliches »Hallo, liebe Gäste« in ein tragbares Mikrofon krähte. Gleich im Anschluss an diese Begrüßung verkündete er, dass der international bekannte Pornostar leider kurzfristig erkrankt sei und forderte einen Applaus für die Ersatzdarstellerin. Dieser fiel mehr als kläglich aus, ein enttäuscht-entrüstetes Raunen ging stattdessen durch das Publikum.

»Jedes Mal dasselbe!«, konstatierte ein Mann neben mir wütend.

»Genau! Immer dieselbe Scheiße! Die buchen die Stars gar nicht, die verarschen einen doch nur ...«, geiferte ein weiterer.

»Na und? Ist doch auch total egal, auf wen man abspritzt ...«, beschloss ein Dritter diese Diskussionsrunde, und die allgemeine Aufmerksamkeit richtete sich wieder nach vorne. Dort beendete das Männchen gerade seine Rede mit den Worten, dass man nun auch nicht mehr viel Zeit verlieren wolle. Gut. Ein Blick auf die Uhr sagte mir, dass ich seit zwei Stunden hier wartete.

Nun erklommen die Darsteller die kleine Bühne und ließen sich – davon hatte ich im Internet gelesen – als Beweis für Volljährigkeit und ihr Einverständnis in das nun Ablaufende mit Personalausweis und Vertrag in der Hand ablichten. Anschließend fand ein viertelstündiger Pornodreh auf der Bühne statt, die Darstellerin mit drei Männern. Leider konnte man nicht allzu nah herangehen. Fluchend fasste ich den Entschluss, endlich meine Eitelkeit zu überwinden und mich um eine Brille zu kümmern. Ich sah nur verschwommen, wie sieben verschiedene Stellungswechsel durchgeführt wurden. Das Ganze war ungefähr so sexy, als stünde ich irgendwo beim Bäcker in der Schlange und es liefe ein Pornofilm im Nebenzimmer.

Anschließend verließen die großschwänzigen Akteure die Bühne und die Ersatz-Darstellerin nahm ihre Position auf der Markierung ein. Es hatten sich rechts und links der Bühne zwei Schlangen gebildet, die »Anwichserinnen« saßen auf Hockern bereit, um ihrem Job nachzugehen. Eine kaute Kaugummi, beide zogen ein mürrisches Gesicht. Als von Seiten der Regie ein Tadel ausgesprochen wurde, die beiden sollten doch ein bisschen mehr Enthusiasmus zeigen, maulte eine drohend zurück: »So 'nen Scheißjob mach ich nie wieder. Ich kann auch gleich nach Hause gehen ...«

Der graugesichtige Moderator gab mit belegter Stimme Anweisungen durch das Mikrofon. So sagte er etwa wörtlich: »Immer auf die Stirn spritzen, damit die Soße runterläuft.« Jeweils ein

Mann rechts und links der Dame, die regungslos und mit geschlossenen Augen in Position verharrte, trat jetzt aufs Filmset. Die Teilnehmer hatten die Hosen halb heruntergelassen und legten den kurzen Weg vom »Anwichsen« zum »Abspritzen« in unschönem Watschelgang zurück.

Die Pornodarstellerin wurde von fast allen anwesenden Männern – ich schätze, es waren so um die fünfzig Teilnehmer – besamt, manche stellten sich mehrmals an. Sie hielt während dieser fast dreißigminütigen Aktion Augen und Mund geschlossen. Wer einmal Sperma im Auge hatte, weiß, wie das brennt brennt, sagt meine Freundin. Immer, wenn ein Teilnehmer abgespritzt hatte, musste er das Bild sofort verlassen. Dann fuchtelte der Kameramann wild in der Luft herum, bis die verlassene Stelle wieder mit einem erigierten Schwanz besetzt war. Auch ich kam nach circa zehn Minuten an die Reihe. Es war höchst belanglos und die Warterei sicherlich nicht wert.

Nach einer halben Stunde war der Dreh im Kasten, eine Assistentin reichte der bewegungslosen Darstellerin einen Waschlappen und Handtücher. Noch während sie sich das verlaufene Make-up und das Sperma der fast sechzig Teilnehmer vom Gesicht wischte, forderte der Moderator einen Applaus. Dieser fiel wiederum verhalten aus, nicht nur weil viele Teilnehmer bereits nach Hause gegangen waren. Sobald ihr Gesicht so weit gesäubert war, dass sie die Augen öffnen konnte, sprang die Bukkake-Darstellerin auf und lief mit aufgequollenem und gerötetem Gesicht und einem grimassierenden Lächeln zurück in ihre Garderobe. Wahrscheinlich wollte sie duschen, das konnte ich gut verstehen. Ich bin dann auch ziemlich schnell gegangen. Ein weiterer Ausflug in die Bukkake-Welt ist nicht geplant.

Aber eine Gang-Bang-Party möchte ich demnächst besuchen, davon erzähle ich beim nächsten Mal.

BESORG'S MIR EINFACH!

Frank (42), arbeitslos, Gera
über
Toven (39), Drogistin, Gera

Ich drücke auf die Klingel und ein Höllenlärm ertönt. Seit wann hat sie so 'ne bescheuerte Klingel? Wir haben uns schon eine Weile nicht gesehen, und ich kriege einen ziemlichen Schreck, als sie die Tür aufmacht. Sie ist dünn geworden. Und trägt ein ganz enges Kleid, wie um zu zeigen, wie schlank sie ist. Ich bin nicht sicher, ob ihr das steht, aber sie sieht anders aus und das macht mich irgendwie an.

»Hey«, sagt sie und mustert mich, als würde sie etwas überlegen. Dann tritt sie ein Stück zurück.

»Der Kleine bei deiner Mutter?«, frag ich und geh rein.

»Nee. Bei den Nachbarn.« Unbeeindruckt steht sie im Flur und kratzt an ihrem Bauch. Will sie mich verunsichern? Wenn ja, gelingt ihr das.

»Toll siehst du aus«, sag ich schnell. »So schlank. Und andere Haare.«

»Andere Frisur«, sagt sie und dann fängt sie an, ihren Gürtel zu öffnen und das Kleid auszuziehen. Sie streift das Oberteil ab, darunter ist sie nackt. Ihre Brüste haben auch abgenommen. Ich würde gern sagen, dass sie sich nicht so beeilen soll, wegen der Vorfreude und so, aber offensichtlich hat sie es nötig. Ich ja auch, daher sag ich lieber gar nichts. Ich zieh mir auch die Hose runter und den Bauch ein dabei. Ist 'ne Weile her, dass wir uns gesehen haben, vier Wochen oder mehr, hab seither ein bisschen zugelegt.

Nicht dass sie jetzt auf irgendeinem Fitnesstrip ist und mein Bauch sie stört. Dünn genug ist sie ja … Sie mustert mich wieder, sagt aber nichts. Dann dreht sie sich um und geht ins Wohnzimmer. Sie holt aus ihrer Handtasche eine Packung Kondome. Die Packung ist halb leer. Warum schleppt sie eigentlich den ganzen Karton in der Tasche mit sich rum? Und warum überhaupt Kondome? Aber egal, ich sag lieber nichts. Sie gibt mir eins und ich zieh es drüber. Sie dreht sich um, stützt die Ellenbogen auf den Wohnzimmertisch und präsentiert mir ihren Hintern. Er ist nicht mehr so rund, sondern etwas knochig. Als wäre sie 'ne Fremde und das turnt mich wieder an. Ich geh auf sie zu.

»Siehst gut aus«, sag ich noch mal und knie mich hin. Endlich kann ich den Bauch locker lassen. Mit der Zunge leck ich ihre Ritze entlang. Sie reagiert schnell darauf, wie immer, stöhnt und zeigt, dass es ihr gefällt. Ich mag es, wenn Frauen das zeigen.

»Jetzt komm«, sagt sie nach einer Weile. »Besorg's mir.«

Das sagt sie immer. Genau so.

»In Ordnung«, sag ich und richte mich auf. »Wie möchtest du's?«

»Mann, Frank, ich bin nicht in Stimmung für langes Rumgemache. Besorg's mir einfach.« Ihre Stimme klingt genervt. Na gut, kann sie haben. Ich ramm ihn ihr zwischen die Beine, sie flucht. Dann drückt sie den Rücken durch, wirft sich heftig gegen mich. Ihr Gesicht ist zu einer Grimasse verzogen. Laut klatscht unser Fleisch aneinander. Ich bin froh, dass ich mein Gesicht nicht sehen muss. Schnell schließe ich den Mund.

»Baby«, keuche ich. Ich reibe ihre Muschi und spüre, wie sie kommt. Sie zuckt und wieder verzieht sie das Gesicht. Es sieht hässlich aus. Kann nicht viel los sein mit ihrem Neuen, wenn sie so schnell kommt, denk ich, dann spritz ich auch ab. Einen Moment bleiben wir keuchend stehen, dann richtet sie sich auf und schiebt mich weg.

»Muss gleich los, den Kleinen abholen«, sagt sie, während sie sich mit einem Küchentuch zwischen den Beinen reibt. Sie beginnt sich wieder anzuziehen. Also geh ich auch zu meiner Hose und steige hinein. Hätte ja ganz gern noch geduscht, aber sie will mich jetzt wohl loswerden. Das war die letzten Male auch schon so, wenn wir uns gesehen haben. Ist mir recht, hab ja auch noch was vor.

»Pass auf dich auf«, sag ich.

»Ja, du auch«, sagt sie und schließt die Tür.

Ich kümmer mich um sie

Patrick (27), Zahntechniker, Saarbrücken
über
Klara (52), Friseurin, Saarbrücken

Wie kann man nur im Winter heiraten? Also ich würde überhaupt nicht heiraten wollen, aber im Winter schon gar nicht. Es ist die erste Hochzeit, auf der ich eingeladen bin, mein Bruder und seine langjährige Freundin. Ich glaube, sie haben schon zu Schulzeiten ihre Nachmittage gemeinsam im Einkaufszentrum verbracht. Die kirchliche Prozedur habe ich verpasst. Ich hab gesagt, ich müsste lernen. Da mir so etwas aber niemand glaubt, werde ich schon von vorwurfvollen Gesichtern empfangen, als ich abends erscheine.

Eigentlich will ich nur essen, ich hatte an Buffet gedacht, stattdessen sitzen wir an langen Tischen, vor uns kalte Platten, die erst mal niemand berührt, weil ewig lange Reden angehört werden müssen. Mein Vater spricht, dann der Vater der Braut, danach ihr Großvater … recht patriarchalisch, doch immerhin schweigt der Rest der Familie. Aber man trinkt während der Reden, was soll man auch sonst tun, und so bin ich bereits vor dem Essen betrunken.

Es gab Sitzkarten, deren Einhaltung strengstens überwacht wird. Meine Familie hat mich zu den deutlich weniger privilegierten Plätzen verbannt, während meine Schwester vorn, in der Nähe des Brautpaares, mit ihren Freundinnen sitzt. Leider habe ich mir keine Freunde mitgebracht. Rechts neben mir sitzt ein vergilbter Herr, den ich nicht kenne. Vor sich hat er eine ganze Reihe

Schnapsflaschen gebunkert und will mit langzahnigem, hagerem Grinsen immer wieder mit mir anstoßen. Mir gegenüber sitzen drei fuchsgesichtige Tanten. Sie rauchen eine Menge und erzählen langweilige, ungeheuer detaillierte Geschichten über Leute, die ich nicht kenne.

Neben mir sitzt meine Tante Klara. Ich habe sie schon als Kind gern gemocht, da sie uns immer Geld und Zigaretten geschenkt hat. Sie ist Anfang fünfzig, blond gelockt, rundlich und sieht nett aus, auf eine gutmütige, sommersprossige Art. Sie trägt ein enges rosafarbenes Sommerkleid, das spannt und ein wenig aussieht, als hätte sie es aus der Kinderabteilung. Man knufft mich von allen Seiten, um meine Aufmerksamkeit zu erlangen, wobei der hagere Herr rechts von mir mit vollem Mund spricht und dabei in mein Essen spuckt. Ich lasse meinen Teller stehen und halte stattdessen meine Hand über mein Glas.

Später am Abend wird getanzt. Ich kann nicht tanzen und zu diesem Zeitpunkt wäre ich auch nicht mehr in der Lage dazu. Ich sehe meine Cousinen wie helle Lichtgestalten über die Tanzfläche gleiten und einige erstaunlich hübsche Mädchen. Ich wundere mich, wie sie ausgerechnet auf die Hochzeit meines Bruders gelangt sind. Bei ihrem Anblick werde ich rollig, wie immer wenn Alkohol und Mädchen im Spiel sind. Zweimal will ich aufstehen und mich zumindest am Rande der Tanzfläche unter das junge Volk mischen, doch halten mich knorrige Hände zurück. »Erst noch die Geschichte zu Ende anhören!«

Tante Klara spuckt mir keine Krümel ins Gesicht, sie fragt auch nicht nach meinen Karriereplänen, sondern nach meinen Freundinnen, und so bleibe ich die meiste Zeit ihr zugewandt. Zwischendurch packt mich der hagere Herr mit Schraubstockgriff am Arm, lügt, dass er mich schon als Baby auf den Armen getragen hätte, was ihn offensichtlich berechtigt, mir eine erbauliche Predigt über Erfolg und Ehrgeiz zu halten.

»Bloß nie lockerlassen, Junge! Biss braucht man heutzutage! Ehrgeiz!« Ein Klischee jagt das nächste, bis Tante Klara von der anderen Seite ihre spitzen Fingernägel in meinen Arm bohrt. Grüngesichtig blinzelt sie mich an.

»Mir ist ein wenig matt«, sagte sie mit belegter Stimme. Ich greife sie am Arm und ziehe sie in den Flur, an die frische Luft.

»Ich danke dir, mein Lieber«, haucht sie hilflos. »Ich glaube, mir wird übel, gell?«

Das kann ich ihr auch nicht sagen, aber ich führe sie zu den Toiletten, in einen Nebenbereich des Saals. Sie hält sich an mir fest, doch auch ich schwanke bedenklich. Vor der Tür angekommen, bleibe ich stehen.

»So, da wären wir.«

Tante Klara will etwas sagen, stattdessen entfährt ihr ein lautes Hicksen. Sie kichert und birgt einen Moment lang verschämt ihr Gesicht an meiner Schulter.

»Jetzt hab ich auch noch Schluckauf«, gluckst sie. Immerhin ist sie jetzt nicht mehr grünlich, sondern rot und etwas aufgequollen vom Alkohol. Das steht ihr ganz gut, denke ich merkwürdigerweise.

»Hilf mir lieber …«, sagt Klara und stolpert vor mir in den Toilettenraum. Ich folge ihr und schließe die Tür hinter uns ab. »Mir ist auch gar nicht mehr schlecht.«

Sie dreht sich zu mir um. Mit einer Mischung aus Faszination, Grauen und Staunen über mich selbst drücke ich Tante Klara gegen die gekachelte Wand. Ihre Brüste wogen aus dem Ausschnitt, als ich mich gegen sie presse, es fühlt sich an, als könnte ich in ihrem Fleisch versinken. Ich greife in ihren Ausschnitt, drücke ihre Brüste, küsse ihren Hals. Ihre Haut ist weich und riecht nach Parfum, ihr Mund nach Alkohol. Ich höre sie stöhnen. Hektisch suche ich den Verschluss ihres Kleides, finde ihn am Rücken und pfriemele daran. Ösen und Knöpfe, das werde ich niemals schaffen. Also drehe ich Klara um, beuge sie über das Waschbecken. Sie zieht ihr enges Kleid hoch, rollt es über ihre Hüften. Der Stoff reißt geräuschvoll, Klara flucht, doch ich beuge mich einfach über sie, beiße in ihren Nacken und schiebe ihre Beine auseinander. Sie bebt am ganzen Körper. Ich drücke ihre Brüste fest, als ich mich in sie schiebe.

Da klopft es an der Tür. Die nasale Stimme meiner Schwester: »Patrick? Bist du da drin?«

Verdammt, sie hat uns offenbar reingehen sehen. Klara stockt und schaut mich entsetzt an.

»Schon in Ordnung, Maja!«, rufe ich. »Tante Klara ist bloß ein bisschen schlecht geworden.«

»Soll ich mal nach ihr sehen?« Es rüttelt wieder an der Klinke. »Kümmerst du dich um sie?«

»Ja«, keuche ich, während ich mich heftiger zwischen Klaras Beine dränge und sie immer lauter unter mir stöhnt. »Ich kümmere mich um sie.«

»In Ordnung.«

Ich komme, während Majas Schritte sich entfernen. Erschöpft sinke ich über Klara zusammen, komme langsam wieder zu Atem. Dann helfe ich ihr, sich aufzurichten. Klara lehnt an der Wand, ich kuschele mich wie ein Baby an sie und sie streicht über meinen Kopf. Zwei Minuten lang ist es sehr friedlich. Dann rüttelt es erneut an der Tür. Wir erstarren.

»Was ist denn los da drin?«, Onkel Nils' Stimme.

»Da ist schon die ganze Zeit besetzt!«, petzt eine fremde Stimme draußen. Was ist denn los? Was machen die denn auf einmal alle hier?

»Patrick, bist du etwa immer noch da drin?« Maja ist auch wieder da.

»Ja. Äh, Tante Klara ist immer noch schlecht. Aber wird schon besser … Wir kommen gleich raus.«

Ich merke selbst, wie idiotisch das klingt. Auch Klara wechselt schon wieder die Gesichtsfarbe, jetzt wird sie blass. Das ist gut, schließlich ist ihr ja übel. Hektisch streichen wir Haare und Kleider glatt. Als ich die Tür öffne, stehen eine Menge Leute davor und glotzen uns neugierig an. Maja schüttelt angewidert den Kopf, Onkel Nils guckt fassungslos. Auch mein Bruder kommt gerade den Flur entlang, das trifft sich ja gut. Sein Kopf ist hochrot.

»Es geht Klara wieder gut«, sage ich offensiv und lächle zerstreut in die Runde. Ohne auf das Getuschel zu achten, schiebe ich Klara wie einen Schutzschild vor mir her und verberge dabei den Riss in ihrem Kleid. Ein Spießrutenlaufen durch die Gäste, zum Tisch zurück.

Die nächste Familienfeier werde ich wegen Krankheit ausfallen lassen. Die übernächste wohl auch.

SCHÖN UND GEPFLEGT

Lukas (34), Werbekaufmann, Dortmund
über
Carola (33), Hotelfachfrau, Dortmund

Zum wiederholten Mal an diesem Abend betrachtete ich mein Gesicht im Badezimmerspiegel. Ich hatte ein Rendezvous, mit einer wunderschönen Frau, alles sollte perfekt sein. Vielleicht hatte ich ein wenig übertrieben, Kosmetikerin, Frisör, ein neuer Anzug und jetzt stand ich seit einer Stunde im Bad, wusch, rasierte und parfümierte mich. Aber Carola war den Aufwand wert, da war ich mir sicher. Ich war so nervös, sie gleich zu treffen, dass ich schon den ganzen Abend in meiner Wohnung auf und ab tigerte. Als es endlich an der Zeit war, loszugehen, wäre ich fast die Treppe hinuntergefallen. Meine neuen Schuhe waren spiegelglatt, darauf würde ich achten müssen. Tief durchatmen und gemäßigten Schrittes voran!

Carola war bereits da, sie saß an einem Fenstertisch im »Mar Royal«, einem noblen Fischrestaurant, das ich für unser erstes Treffen ausgesucht hatte. Sie trug ein schwarzes Seidenkleid, das ihr sehr gut stand. Zu ihren Füßen standen mehrere bunte Einkaufstüten.

»Hallo, Lukas!«, begrüßte sie mich, umschlang mich mit ihren Armen und gab mir einen Kuss auf den Mund. Diese Begrüßung gefiel mir. Ich liebte das Leben!

»Ich komme gerade vom Shoppen«, erklärte sie mit einem Blick zu den Tüten. »Ganz schön anstrengend bei dieser Hitze!«

In der Tat waren ihre Haare zerzaust und ihre Wangen gerötet, ein bisschen wild sah sie aus, doch das stand ihr. Die Küche war bestimmt ausgezeichnet, doch genau kann ich das nicht sagen, ich habe vor allen Dingen auf Carola geachtet. Während des Essens zog sie mehrmals ihren Lippenstift nach, ihr Mund glänzte ölig.

»Du musst das unbedingt probieren, sonst rieche ja nur ich nach Knoblauch!«

Im Gegensatz zu Carola hatte ich bei meiner Speisenwahl darauf geachtet, mundgeruchfördernde Ingredienzien auszuschließen. Diese Umsicht hätte mich eigentlich auch bei ihr gefreut, doch sie hatte zu meinem Befremden eine mit Knoblauchzehen gefüllte Dorade gewählt.

»Nein danke«, lehnte ich ab und legte ihr stattdessen etwas Petersilie auf den Tellerrand. Diesem wird ja eine atemreinigende Wirkung zugesprochen. Carola lachte und sofort hatte ich ihr verziehen. Ich bin ein sehr sorgfältiger Mensch, böse Zungen sagen, ich sei etwas zwanghaft. Da ich diesen falschen Eindruck keinesfalls bei Carola erwecken wollte, gab ich mich während des Essens betont ungezwungen und aufgeschlossen. Nach dem Dessert sind wir in eine Bar gegangen. Carola war ein wenig beschwipst, sie legte mir beim Erzählen die Hand aufs Knie und drückte ihre Finger ab und an in mein Fleisch, als wolle sie ihren Worten Nachdruck verleihen. Bei einer anderen Frau wäre mir dies etwas verfrüht erschienen, doch meine Begleiterin sah so gut aus, sie hätte mir sonst wohin greifen können, ohne dass es mich gestört hätte.

Es wurde spät und ich schlug vor, nach Hause zu gehen. Carola stimmte zu und wir verließen das Lokal. Gerade wollte ich mich verabschieden, da fragte sie ganz selbstverständlich: »Kommst du noch mit zu mir?«

Carola hatte schon ein Taxi rangewinkt und zog mich an der Hand in den Wagen. Sie war offenbar eine moderne Frau, sie wusste, was sie wollte. Im Treppenhaus wies sie mich darauf hin, dass ihre Putzfrau schon seit zwei Wochen krank sei. Es sei ziemlich unordentlich und wenn sie das sage, würde das etwas heißen. Sie lächelte stolz. Ich schluckte. Drinnen traf mich fast der Schlag. Wie können Menschen nur so leben, fragte ich mich, während ich mir vorsichtig einen Weg durch all die Tüten, Taschen, Schuhe, Kleidungsstücke, Kartons und Zeitschriften bahnte, die auf dem Boden verstreut lagen. Fast hätte ich das Gleichgewicht verloren, als ich auf einem Bein stehend einen freien Platz für meinen Fuß suchte. Die Wohnung war klein, die Einrichtung hätte mir durchaus gefallen können. Es konnte doch gar kein Problem sein, eine solch kleine Wohnung ordentlich und adrett zu halten? Entgeistert schüttelte ich den Kopf.

»Was ist denn?«, fragte Carola. »Gefällt's dir hier nicht?« Sie war offenbar völlig ahnungslos.

»Doch, doch, ganz toll«, log ich. Bei jeder anderen Frau hätte ich schleunigst das Weite gesucht, doch jetzt suchte ich einfach einen freien Platz, um mein Jackett abzulegen. Dann ging ich ins Bad, um mich noch einmal gründlich im Spiegel zu prüfen. Carola räumte derweil das Sofa frei, ein imposantes Ledermöbel, und holte zwei Gläser Wein aus der Küche. Dann zündete sie Kerzen an. Es gab sogar Musik. Bei Kerzenschein sah das Chaos um mich herum gleich weniger bedrohlich aus und ich entspannte mich. Carola zog die Schuhe aus, indem sie sie mit einer geschickten Geste von den Füßen schleuderte, und setzte sich zu mir. Das Kerzenlicht brachte ihre dunklen Haare zum Leuchten. Noch immer trug sie das Seidenkleid, das mittlerweile leicht verknittert wirkte. Seide ist nichts für lange Abende, das weiß doch jedes Kind, sicherlich würde sie sich nach dem Duschen umziehen. Doch erst mal trank sie ihr Rotweinglas leer.

»Ich freue mich, dass du hier bist«, sagte sie und lächelte. Geschmeidig glitt sie unvermittelt auf meinen Schoß, schlang ihre

Arme um meinen Hals und küsste mich. Ihr Mund schmeckte nach Rotwein und Knoblauch, was ich nur mühsam ausblenden konnte. Ich fuhr mit den Händen ihren Rücken entlang, über ihren Hintern, der sich unter der Seide glatt und fest anfühlte. Sie rieb sich an mir und ich umfasste sie fester. Ich war sehr erregt. Nun zog sich meine schöne Gastgeberin in einer fließenden Bewegung ihr Kleid über den Kopf und warf es achtlos zwischen die Sofakissen. Sie trug Spitzenunterwäsche. Ihr Bauch war flach, ihre Brüste ließen meinen Atem stocken. Jetzt zog sie ihren BH aus, warf die Haare nach hinten und bog den Rücken durch. Auffordernd streckte sie mir ihre Büste entgegen. Ich zog Carola an mich, fingerte nun auch meine Hemdknöpfe auf und küsste sie. Ich fühlte mich verwegen, das bisschen Knoblauch war mir nun egal! Nackt und eng umschlungen lagen wir kurz darauf auf dem Sofa. Ich stützte mich über Carola und küsste ihren Hals.

Da legten sich ihre Hände auf meinen Kopf und drückten ihn sanft, aber bestimmt nach unten, zwischen ihre Beine. Willig küsste ich ihren Bauch, leckte mit der Zunge die Hüftknochen entlang. Ihre Haut schmeckte salzig. Als ich mich der Innenseite ihrer Schenkel näherte, nahm ich einen leicht säuerlichen Geruch wahr. Säuerlich, aber auch erdig irgendwie. Waldig. Ich stockte. Doch Carola schob mich mit sanfter Gewalt weiter, drückte mein Gesicht zwischen ihre Beine. Sie stöhnte. Der Geruch wurde stärker. Vorsichtig durch den Mund atmend, riss ich mich zusammen und begann sie zu lecken. Ein bitterer Geschmack … Sie hatte sich nicht gewaschen. Nirgendwo! Ungläubig hielt ich inne. Was sollte ich tun? Sie bitten, doch noch schnell eine Dusche zu nehmen? Ich wünschte mich ganz weit weg. Carola zappelte unwillig, doch ich rührte mich nicht.

»Komm her«, hörte ich ihre Stimme, sie hatte es offensichtlich aufgegeben, und zog mich stattdessen auf sich. Ich stützte mich mit den Händen neben ihrem Kopf ab und versuchte, nicht weiter nachzudenken. Dann schloss ich die Augen und drang in sie ein. Unser Sex war schnell vorbei, wir wechselten nicht einmal die Position. Zudem ziemlich unentspannt, da ich bemüht war, möglichst wenig Körperkontakt zwischen uns herzustellen. Ich blieb aufgestützt, die Arme hatte ich durchgestreckt. Anschließend rollte ich von ihr herunter, und blieb noch fünf Höflichkeitsminuten auf dem Rücken liegen. Carola lag neben mir. Sie schien unzufrieden, strich ihre Haare hinter die Ohren, nagte an ihrer Unterlippe und richtete den Blick gegen die Decke. Plötzlich durchfuhr mich ein leichter Anflug von Panik. Nicht, dass sie auf den Gedanken kam, meine Zungenfertigkeit noch einmal in Anspruch nehmen zu wollen!

»Ich muss morgen früh raus«, sagte ich schnell und griff nach meinem Hemd. Fünf Minuten später verließ ich die Wohnung. Carola blieb einfach liegen.

Zuhause spülte ich mir gründlich den Mund aus und duschte lang und heiß. Dennoch dauerte es eine Weile, bis ich diesen Geruch nicht mehr in der Nase hatte.

LOS! ZEIG'S MIR!

Daniel (24), Verkäufer, Köln
über
Stina (26), Fitnesstrainerin, Köln

Stina und ich waren seit anderthalb Monaten zusammen und hatten schon ein paar Mal miteinander geschlafen. Es war weder besonders gut noch schlecht gewesen. Wahrscheinlich hatte sie sich am Anfang noch zurückgehalten, denn nun kam unerwartet eine andere Seite von ihr zum Vorschein. Ich lag gerade auf ihr und war kurz davor zu kommen, als sich ihre Beine plötzlich wie ein Schraubstock um mich krallten.

»Stina?«, fragte ich irritiert. Eben hatte sie noch leise an meiner Schulter gestöhnt. Jetzt warf sie den Kopf zur Seite und wandte das Gesicht ab. Es war unangenehm, wie mich ihre muskulösen Oberschenkel fixierten. Stina war zwar zart und klein, aber sie gab Bauch-Beine-Po-Kurse im Fitnessstudio und hatte gut trainierte Muskeln.

»Du hast ja ganz schön Kraft in den Beinen!«, deutete ich an.

»Los!«, zischte sie, das Gesicht noch immer abgewendet. »Mach weiter!«

Ihre Hände klatschten plötzlich ungewöhnlich fest auf meinen Hintern, ihre langen Fingernägel krallten sich in mein Fleisch. »Zeig mir, was du drauf hast!«

Das törnte mich überhaupt nicht an. Ich fühlte mich plötzlich enorm unter Druck gesetzt! Und es war mir peinlich. Mit ihren Händen gab sie nun meinen Rhythmus vor und ließ mich nicht mehr los.

»Komm schon! Komm schon!«, trieb sie mich weiter an.

Es war harte Arbeit, unter diesem strengen Kommando zu kommen. Ich schaffte es irgendwie, indem ich mich stark konzentrierte. Danach löste sie endlich ihre Umklammerung und ich rollte mich verstört auf den Rücken. Stina schmiegte sich an mich, als wäre nichts gewesen. Wir lagen still, bis wir wieder zu Atem gekommen waren. Dann sprang sie auf, zog sich ein Kleid über und tippelte aus dem Zimmer. Als sie nach einer Weile zurückkam, hatte sie eine große Schale Obstsalat dabei, schaltete den Fernseher ein und begann, mich liebevoll zu füttern. Da sie nichts mehr dazu sagte, habe ich es auch nicht getan, sondern lieber schnell verdrängt.

Bis sie beim nächsten Mal, als wir miteinander schliefen, erneut unangenehm dominant wurde. Ich lag unter ihr, da krampfte Stina wieder ihre Oberschenkel wie einen Schraubstock um meine Hüften. Mit den Armen hielt sie meinen Oberkörper nach unten gegen die Matratze gedrückt. Ich wollte mich erheben, aber sie presste mich zurück. Sie senkte ihren Kopf nach unten, bis ihr Gesicht ganz nah an meinem war, fixierte mich mit ihren Augen und fauchte: »Liegen bleiben!«

Natürlich hätte ich mich befreien können, doch ich war zu perplex. Was sollte das nur? Sonst war sie doch auch nicht so. Ich schaute sie fragend an, während sie wild ihre Hüften bewegte und mir animalische Blicke zuwarf. War das meine Freundin?

Plötzlich sprang sie ab, stellte sich auf alle viere, reckte mir ihren Hintern entgegen und rief: »Nimm mich von hinten!«

Ich tat, wie mir geheißen. Wer würde so eine Einladung auch nicht annehmen, und es hätte ja auch schön sein können, wenn sie mir nicht das Gefühl gegeben hätte, es nicht drauf zu haben.

»Na los, fester! Fester!«

Ich strengte mich furchtbar an, aber scheinbar nicht genug für diese Frau, die mir fremd war.

»Mehr! Mehr!«

Ich versuchte meine Höchstleistung abzurufen. Ja, es fühlte sich an wie ein Wettkampf, und verlieren ist nicht mein Ding.

Dann löste sie sich abrupt von mir, drehte sich um und zog mich auf sich. Und da war sie wieder, die Beinschere.

»Zeig's mir!«, befahl sie mit kalter, herrischer Stimme.

Ich war schon ziemlich geschafft – physisch und psychisch –, aber was hätte ich tun sollen? Aufgeben? Dann hätte ich mich wie ein Weichei gefühlt. Also stieß ich zu, so fest ich konnte. Es war Schwerstarbeit und mir lief der Schweiß in Strömen. Nach ewig langer Zeit kam endlich die Anordnung zum Orgasmus.

»Jetzt, ja, jetzt! Komm!«, stöhnte sie ekstatisch.

Ich gehorchte erleichtert. Nach einer kleinen Ruhezeit schleppte ich mich erschöpft ins Bad. Beim Duschen fragte ich mich, wie es mit uns weitergehen sollte. Ich mag es eigentlich, wenn Frauen wissen, was sie wollen, aber das war zu viel für meine Männlichkeit. Ich fühlte mich wie ihr willenloses Sexspielzeug.

Da ging die Badezimmertür auf und sie kam nackt herein.

»Darf ich mich zu dir gesellen?«

Mit ihren geröteten Wangen und dem süßen Lächeln sah sie wieder ganz zahm aus und ich nickte. Sie stieg zu mir in die Wanne, nahm mir den Schwamm aus der Hand und verteilte reichlich Duschgel darauf. Dann hielt sie ihn mir entgegen: »Schrubb mir den Rücken!«

Sie drehte sich um und ich begann, den Schwamm auf ihrem Rücken kreisen zu lassen.

»Fester! Drück richtig auf!«

Jetzt ging das wieder los. Genervt befolgte ich ihre Anweisungen.

»Ein bisschen mehr unten. Ja. Und jetzt noch die Beine …«

In den nächsten zwei Wochen drückte ich mich erfolgreich um den Sex und überlegte mir, wie ich ohne Probleme aus der ganzen

Sache rauskam. Sie war ja eigentlich ganz nett, nur eben nicht im Bett. Ich hatte keine Lust, jedes Mal unter Leistungsdruck zu stehen, wenn ich Sex mit meiner Freundin hatte. Und ehrlich gesagt, bin ich lieber der dominante Part. Als ich sie eines Abends nach einem eher langweiligen Kinobesuch nach Hause fuhr, meinte sie, dass es nicht besonders gut läuft zwischen uns und dass wir irgendwie nicht zueinanderpassen.

Ich tat ein wenig betrübt, aber stimmte ihr vorsichtig zu. Bevor sie ausstieg, gab sie mir einen letzten Kuss. Wir gingen freundschaftlich auseinander.

Spott & Hohn

Jonas (19), Schüler, Bonn
über
Dana (19), Schülerin, Bonn

In der neunten Klasse war ich für etwa drei Wochen mit Dana zusammen. Es war das zweite Mal, dass ich etwas mit einem Mädchen aus meiner Klasse hatte. Wie ich darauf kam, mir die Schulzeit durch Liebschaften mit Mitschülerinnen noch schwieriger zu gestalten, weiß ich auch nicht. Streitereien, Krisen, Trennungen, alles wird vor den Augen der »Klassenkameraden« ausgetragen, als wäre man ein Soap-Darsteller, der die Zuschauer bei Laune halten muss. Genauso gut könnte man jeden Morgen sein Tagebuch in der Klasse herumreichen ... und dabei käme man wahrscheinlich noch besser weg.

Ich habe die Schule nie besonders gemocht. Jeden Morgen dasselbe, es klingelt und du findest dich über Stunden eingepfercht mit unausgeschlafenen Menschen, mal musst du ruhig sein, mal reden, dabei bist du stets der Willkür der Lehrer ausgesetzt. Wie leicht blamiert man sich oder gerät unverschuldet ins Abseits. Und wenn die Klasse dich hasst, ist es so, als hasse dich die ganze Welt. Man ist ja leider noch so unbedarft, dass man es nicht besser weiß.

Etwas besser wird es erst in der Oberstufe, wenn man seine Fehlstunden selbst entschuldigen kann und nicht mehr die Unterschrift der Eltern fälschen muss. Aber in der neunten Klasse ist man davon ja leider noch weit entfernt.

Wir haben eine Klassenfahrt nach Prag gemacht, wo wir in einer Jugendherberge untergebracht waren. Tagsüber haben wir uns die Stadt angesehen und abends getrunken, wie man das auf Klassenfahrten eben so macht. Es gab so etwas wie eine Jugendherbergsdisko, in der geradezu karnevaleske Stimmung herrschte. Um zwölf Uhr spätestens gingen allerdings die Lichter an und die Musik aus. Anschließend feierten wir auf den Zimmern weiter, in denen jeweils vier Hochbetten standen. Leider waren Jungen- und Mädchenflur ab zwölf Uhr strikt getrennt, was der Sache deutlich den Reiz nahm, denn ohne Mädchen war es natürlich nur noch halb so spannend.

Unsere Lehrer bewachten uns streng, immer wieder standen sie nachts in Schlafanzüge gewandet und mit roten Augen in der Zimmertür und flehten, drohten und schimpften, dass wir endlich schlafen sollten. Ein nächtlicher Besuch im Mädchentrakt hätte zu einem sofortigen Schulverweis geführt. Daher war es noch ziemlich früh, als ich eines Abends mit Dana auf mein Zimmer ging. Vorher hatten wir in der Disko getrunken und getanzt und uns dann unauffällig davongeschlichen. In meinem Zimmer, an dem einzigen Tisch, saß Rolf und schrieb wahrscheinlich gerade eine Postkarte an seine Eltern. Rolf war ein Streber wie aus dem Bilderbuch.

»Ey Alter, hau mal ab«, sagte ich höflich. Ich war schon damals immer nett, auch zu Strebern. Rolf wurde schlagartig knallrot, machte einen schnellen Satz zur Tür und war verschwunden.

Dana und ich haben uns auf mein Hochbett gesetzt, Musik über Walkman-Boxen gehört und geknutscht. Natürlich hätten wir das auch zu Hause machen können, aber auf einer Klassenfahrt ist man doch in einer besonderen, aufgekratzten Stimmung. Auch der Reiz des Verbotenen ist nicht zu unterschätzen. Bald hatte ich ihren BH geöffnet und wir friemelten an unseren Gürteln. Ab und an hörten wir Schritte oder Stimmen, die sich näherten, dann hielten wir den Atem an und lauschten, doch niemand öffnete die Tür.

Endlich hatte ich die Gürtelschnalle gelöst und fasste in Danas Hose. So weit war ich offen gestanden noch nie gekommen. Aufgeregt schob ich meine Hand so weit es ging nach unten, es war sehr heiß in ihrer Hose, doch Danas Jeans war so eng, dass ich meine Finger kaum bewegen konnte. Mit der anderen Hand versuchte ich also den Stoff etwas hinunterzuziehen, doch Dana griff nach meinem Handgelenk. Das wollte sie nicht. Typisch Mädchen, sie können sich nie entscheiden und machen dann einfach gar nichts! Ich versuchte mit der Hand noch irgendetwas zu erreichen, doch als meine Finger langsam taub wurden, zog ich sie wieder raus. Verdrossen wandte ich mich ab und griff zu einer der Bierflaschen, die wir eingeschmuggelt hatten.

Dana schien es plötzlich leid zu tun, sie zog mich zurück und griff beherzt in meine Hose. Umständlich versuchte sie sich an der Knopfleiste meiner Boxershorts, doch ich kam ihr zu Hilfe und zog mir alles bis zu den Knien runter. Dann breitete ich die Decke über uns aus, so dass wir den Blicken ungebetener Gäste zumindest nicht augenblicklich ausgeliefert waren. Dana fasste mit spitzen Fingern nach meinem Schwanz und streichelte zaghaft darüber, wie über einen Hundewelpen. Mein Gott, hatte sie noch nie einen Porno gesehen? Ich war dennoch sehr erregt und ließ sie eine Weile gewähren. Dann legte ich ihre Finger um meinen Schwanz und zeigte ihr, wie sie auf- und abfahren sollte. Das tat sie auch, zwar nicht besonders experimentierfreudig, doch es genügte. Ich war kurz davor zu kommen, als sie ihren Griff wieder lockerte. »Fester«, flüsterte ich. Sie tat wie geheißen. »Und etwas schneller ...« Ihre Hand wurde schneller, ich stöhnte. »Ja, genau richtig ...«

Derart animiert wurde Dana noch schneller, gleichzeitig krampften sich ihre Finger wie ein Schraubstock um meinen Penis. Ich spürte ein heftiges Ziehen, schrie auf und schubste sie weg. Mit schreckgeweiteten Augen blickte sie mich an, dann an mir runter. Ihre Augen wurden noch größer. Ich folgte ihrem Blick … Mein Schwanz war blutüberströmt, rote Tropfen fielen von der Spitze und bildeten bereits eine kleine Pfütze auf dem weißen Laken.

»Oh Gott, oh Gott, oh Gott!«, sagte Dana unsinnigerweise. Mir hatte es die Sprache verschlagen. Sie sprang auf und lief zur Tür: »Ich hole Hilfe!«

Auch ich stand vorsichtig auf, taumelte ins Bad und verschloss die Tür hinter mir. Kurze Zeit später hörte ich, wie die Zimmertür erneut geöffnet wurde.

»Jonas?« Die vorsichtige Stimme meines Mathelehrers.

»Ich bin im Bad. Ich brauche Hilfe. Rufen Sie einen Arzt! Schnell!«

»Mach mal die Tür auf, Jonas!« Es wurde an der Türklinke gerüttelt. Doch ich schämte mich.

»Nein!«

»Was ist denn dein Problem, was hast du? Das musst du mir erst erklären, wie soll ich denn sonst einen Arzt rufen?« In Panik überlegte ich. Das Bluten hatte etwas nachgelassen, doch es tat noch immer sehr weh. Wie sollte ich das erklären? Langsam hob ich die Hand und griff zur Klinke. Ich öffnete die Tür einen Spalt und der Kopf des Lehrers schob sich ins Badezimmer. Er musterte mich einen Moment und schnappte dann hörbar nach Luft.

»Okay … ich rufe einen Krankenwagen … Warte!« Weg war er, ich schloss die Tür wieder ab.

»Jonas? Wie geht's dir?« Das war Danas Stimme. Doch mir war nicht nach Plaudern zumute. Ich schwieg. Mittlerweile hörte ich gedämpftes Flüstern, Tuscheln, vereinzeltes Kichern. Offensichtlich hatte die Nachricht die Runde gemacht und die ersten Schaulustigen fanden sich ein. Ich unterdrückte den Impuls, mir die Ohren zuzuhalten. Dann hörte ich Tschechisch und es wurde wieder an die Tür geklopft. Ich ließ die Sanitäter ein. Zwei junge Männer, einer konnte nur mühsam ein Grinsen unterdrücken, der andere erklärte mir auf Englisch, dass ich mir keine Sorgen zu machen brauche. Sie nahmen mich mit, vorbei an meinen Klassenkameraden, die vor dem Zimmer Spalier standen, raus auf die Straße, wo der Wagen stand und dann ins Krankenhaus.

Das Frenulum, mein Vorhautbändchen, war gerissen, wurde mir dort auf Deutsch von einem Arzt erklärt. Drei Wochen würde die Heilung dauern, während derer man mir eine Behandlung mit Kamillenbädern und Salbe empfahl. Anschließend sollte ich über eine kleine Operation nachdenken, die solche Unfälle zukünftig für immer ausschließen würde. Ich seufzte unglücklich. »Zukünftig« war in diesem Moment sehr, sehr weit weg. Dann wurde ich entlassen.

Mein Lehrer hatte draußen gewartet und fuhr jetzt mit mir zurück in die Jugendherberge.

»Möchtest du die restlichen Tage noch bleiben oder lieber heimfahren?«, fragte er mich unterwegs. Ich überlegte. Mehr als alles andere graute mir vor dem Spott meiner Mitschüler, doch diesem würde ich nicht entgehen können. Da sah ich keine Möglichkeit. Aber auch die Vorstellung, meinen Eltern meine frühere Heimkehr erklären zu müssen, war grässlich und bewog mich, lieber noch drei Tage in Prag auszuharren.

Diese verbrachte ich zumeist im Bett, wo ich mich an Spott und Hohn meiner Mitschüler schnell gewöhnte. Von größeren Unternehmungen war ich freigestellt und das Herbergspersonal brachte mir morgens sogar eine Suppenschüssel und eine Kanne mit Kamillentee aufs Zimmer.

Dana, die sich sicherlich auch so einige Sprüche anhören musste, war das Ganze bestimmt auch nicht angenehm. Die Schullegende, die sich seither um uns beide rankt, wurde zusätzlich dramatisiert. Man spekulierte, die Ärzte hätten mir im Krankenhaus meinen abgerissenen Schwanz wieder annähen müssen. Dies hat Danas Chancen bei den Jungs sicherlich nicht gerade gesteigert.

Aber vielleicht hatte sie auch erst mal kein Interesse mehr? Ich weiß es nicht, denn wir haben nicht mehr miteinander gesprochen.

GETRIEBEN

Dominik (30), Barkeeper, München
über
Anna (28), Diplom-Pädagogin, München

Ich habe meistens schlechten Sex. Und schon seit langer Zeit. So lange, dass ich schon eine ganze Weile nicht mehr darüber nachgedacht habe. Es ist halt so und ohne Sex könnte ich es mir gar nicht vorstellen. Eigentlich ist es auch nur im Nachhinein schlecht. Währenddessen ist es manchmal sogar ganz okay. Auch der Moment, in dem dir klar wird, sie macht mit, ist immer sehr erfreulich.

Vielleicht ist das Quatsch, aber wenn eine Frau sich auf ein Gespräch mit mir einlässt, denke ich eigentlich schon, sie geht bestimmt mit mir nach Hause. Ich glaube, dass ich getrieben bin. Sobald eine Frau Interesse signalisiert, kann ich gar nicht anders als mitmachen. Früher oder später kommt jedoch die Ernüchterung. Das liegt daran, dass ich noch immer einer uralten Geschichte hinterherhänge. Meine erste große Liebe hat mich überraschend, brutal und rücksichtslos verlassen. Bevor ich überhaupt begreifen konnte, was da passiert. Von so etwas erholt man sich nur schwer. Und auch wenn ich es mir ungern eingestehe, bin ich früher oder später immer an dem Punkt, an dem mich etwas stört, ich alle mit ihr vergleiche und dann einfach nur noch wegmöchte.

Das letzte Erlebnis mit einer Frau, die ich mitgenommen habe, war schlimm. Das gibt mir schon zu denken, immer noch. Sie war laut, aufdringlich und wenn sie etwas sagte, war es meist garstig oder dämlich. Das wollte ich aber erst nicht wahrhaben, also hab ich mich auf ihre Vorzüge konzentriert, obwohl sich diese in Zutraulichkeit und Präsenz erschöpften. Wir haben uns in einem Club getroffen, reden konnten wir nicht, weil die Musik so laut war. Ich habe viel trinken müssen, um es mir nicht doch anders zu überlegen. Es lief nach gewohntem Schema ab, wir standen beieinander und ab und an haben wir uns Kommentare zugerufen oder uns Blicke zugeworfen. Irgendwann hab ich ihr gesagt, dass ich jetzt gehe und sie mir, dass sie mitgeht. Insgesamt nicht sehr romantisch.

Wenn ich jemanden mitnehme, fahre ich immer Taxi. Zu Fuß gehen und dabei nüchtern werden – kein guter Gedanke. Bei mir sind wir direkt ins Bett gegangen und haben uns ausgezogen. Sie trug schöne Unterwäsche, doch als ich genauer hinsah, musste ich mit Schrecken feststellen, dass rechts und links an den Seiten dunkle Haarbüschel herausstanden. Sie war nicht rasiert! So etwas hatte ich lang nicht mehr gesehen! Damit hatte ich wirklich nicht gerechnet, sie sah auch nicht öko oder so aus. Aber das geht halt gar nicht klar. Natürlich muss man darüber nicht viele Worte verlieren, der Meinung bin ich auch, Frauen sollen sich einfach rasieren und gut ist es. Sie bemerkte an meinem Blick, dass etwas nicht stimmte. Ich habe auch in milder Panik meine Hand weggezogen, und um Zeit zu schinden, erst mal zur Bierflasche gegriffen.

Mein Schlucken klang viel zu laut. Danach war es noch unentspannter als zuvor. Sie hat zwar nichts gesagt, kam mir aber latent gereizt vor. Ich habe auch nichts gesagt. Ich begann mir zu wünschen, ich hätte sie niemals mitgenommen. Aber jetzt war es zu spät, ich musste da durch. Ich versuchte also weiterzumachen und gab ihr zu verstehen, dass sie mir jetzt einen blasen könnte. Da richtete sie sich völlig unerwartet und zu meinem äußersten Entsetzen auf und giftete los. Sie fände das ekelhaft, ich sei ein dummer Macho und wie könne mir das überhaupt einfallen. Ihre

Stimme klang aggressiv. Ich war sprachlos. Mir war es ja noch nicht mal besonders wichtig, dass sie das macht, aber jetzt eine Grundsatzdiskussion mit ihr über Fellatio zu führen, konnte ich auch nicht einsehen. Sie ging aber auch nicht, sondern redete einfach ohne Punkt und Komma auf mich ein. Am liebsten hätte ich selbst meine Sachen gegriffen und wäre verschwunden, aber die nackte Alte saß ja leider auf meinem Bett. Wären wir doch bloß zu ihr gegangen!

Meine Güte, was für ein uncooler Abend. Ich hab mich irgendwann auf den Rücken gelegt, sie hat noch eine Weile erzählt. Oder eher geschimpft und sich über mich beschwert. Ich habe mich vor allen Dingen gewundert, warum sie nicht einfach nach Hause geht. Warum nur wollen Mädchen nie nach Hause gehen? Wir hatten dann natürlich auch keinen Sex mehr, ich hab so getan, als wäre ich eingedöst. Ich hoffte, sie würde dann endlich gehen, lag reglos und gab leise Schnarchgeräusche von mir. Es war anstrengend, so still zu liegen, aber was immer sie tat, sie ging jedenfalls nicht. Beim Schlafendstellen bin ich dann wirklich eingenickt.

Als ich irgendwann nachts wach wurde, weil ich ins Bad musste, lag sie immer noch neben mir. Es dämmerte bereits. Na toll, dachte ich, muss das denn sein? Auf keinen Fall wollte ich sie aufwecken und mich mit ihr auseinandersetzen müssen, deshalb hab ich auch kein Licht angemacht und erst mal eine Bierflasche umgestoßen, die sie ausgerechnet auf dem Bettrand abgestellt hatte. Sie fuhr hoch. Zähneknirschend bin ich ganz schnell ins Bad gerannt und erst mal eine Weile dort geblieben. Dann schlich ich zurück. Sie lag mit geschlossenen Augen unter meiner Decke. Ich legte mich an die äußerste Bettkante und schlief weiter.

Gegen Mittag wachte ich auf, öffnete vorsichtig ein Auge und sah ihre unerfreulichen Umrisse noch immer neben mir liegen. Sie hatte eins meiner Bücher aufgeschlagen, lag auf dem Rücken und las. Ob sie wohl darauf wartete, dass ich wach wurde? Wollte sie sich weiterhin beschweren? Es war entsetzlich. Was sollte ich tun? Auf keinen Fall mit ihr frühstücken, so viel stand fest.

In einer einzigen schnellen Bewegung erhob ich mich aus dem Bett, schnappte meine Hose, in deren Tasche sich mein Handy befand, und lief aus dem Zimmer. Im Bad schrieb ich eine SMS an einen Freund, von dem ich am ehesten annahm, dass er zu dieser Zeit wach war:

»Ruf mich sofort an!« Es klingelte prompt.

Drei Minuten später lief ich mit dem Telefon am Ohr zurück in mein Zimmer.

»Wirklich? Ich muss heute arbeiten? Sofort? Ja, natürlich, bin gleich da, mache mich sofort auf den Weg!« Entschuldigend lächelte ich ihr zu, während ich hektisch meine Sachen überstreifte.

»Tut mir leid, hast ja gehört, ich muss sofort los ...« Endlich erhob auch sie sich, suchte schwerfällig ihre Sachen zusammen und zog sie quälend langsam an. Ich hätte sie am liebsten geschubst, wie hatte ich je auf den Gedanken kommen können ... doch gleich war es ja endlich vorbei. Ich hielt ihr die Tür auf und wartete, bis sie endlich, endlich aus meiner Wohnung trottete.

»Muss mich echt beeilen. Mach's gut!«, rief ich noch, dann rannte ich vor ihr die Treppe runter. Einmal um den Block. Wieder zuhause angekommen, putzte ich mir die Zähne und legte mich ins Bett. Ich war völlig verspannt. Aber überglücklich, allein zu sein und mich ausschlafen zu können.

Leider passieren mir solche Sachen öfter, der Lerneffekt tendiert gegen null. Jedes Mal denke ich, vielleicht wird es diesmal ja doch ganz toll, obwohl ich es eigentlich besser wissen müsste.

WIR KÖNNEN ALLES MACHEN

Fabian (26), Promoter, Nürnberg
über
Hannah (27), Jurastudentin, Lissabon

Wir waren zum Windsurfen nach Portugal gekommen. Martin, Cornelius und ich fühlten uns großartig, der Urlaub hatte aus allmählich entfremdeten Jugendfreunden wieder die unzertrennlichen Blutsbrüder unserer Erinnerung gemacht. Kein Streit, kein Stress, wir surften, lagen in der Sonne und betranken uns am Lagerfeuer. Die letzten Tage verliefen angenehm monoton. Am besten ließ es sich abends surfen, im Laufe des Tages wurde der Wind immer stärker und am späten Nachmittag ging es dann raus.

Am Sonntag wollten wir mit Martins Camping-Van die Heimreise Richtung Deutschland antreten. Über 2.200 Kilometer Fahrt lagen vor uns. Freitag brachen wir in Malveira unsere Zelte ab, um mit einer Clubtour durch Lissabon gebührend Abschied zu feiern. Nach stundenlanger Suche quartierten wir uns für die letzten beiden Nächte in einem kleinen Hotel im Zentrum ein. Der erste Abend in Portugals Hauptstadt verlief dann doch eher beschaulich. Als wir endlich ein Restaurant gefunden und teuer und schlecht gegessen hatten, versackten wir bei Surf-Gesprächen vor einer Kneipe neben unserem Hotel. Cornelius wollte ohnehin unbedingt den nächsten Tag für Sightseeing nutzen und verabschiedete sich um 1 Uhr, Martin und ich folgten eine halbe Stunde später. Gegen Morgengrauen ging es dann los; Martin und Cornelius wankten im Viertelstunden-Takt in unser gemeinsames Badezimmer, um zu kotzen, klagten über Schweißausbrüche und wälzten sich stöhnend in ihren Betten. Lebensmittelvergiftung vermutlich, immerhin hatten sie beide am Vorabend eine Paella gewählt, die nicht sonderlich gut geschmeckt hatte.

Damit war ich am Samstag auf mich alleingestellt. Ich kaufte den beiden Invaliden Magentropfen, isotonische Getränke und Tabletten und machte mich mit Cornelius' Stadtplan auf zur Stadtbesichtigung. Gegen Abend fand ich meine Freunde bei meiner Rückkehr erschöpft und schlafend vor, mit ihrer Gesellschaft war weiterhin nicht zu rechnen. Also musste ich allein die Ehre retten und mich noch mal stellvertretend betrinken. Der Taxifahrer brachte mich an den Hafen, ich hatte mir nicht die Mühe gemacht, selbst zu recherchieren, sondern mich auf seine Antwort nach dem besten Club verlassen.

Der Laden erinnerte mich an Clubs, die man vielleicht in Miami findet, aber bestimmt nicht in Deutschland. Hohe Decken, alles in weiß dekoriert und ein sehr dekadentes Publikum. Eine Zeit lang beobachtete ich von der Theke aus einen schwarzen Typen mit Trainingsanzug und Goldketten, er sah aus wie aus einem Gangsta-Video entsprungen. Um ihn tanzten vier oder fünf halbnackte Frauen verschiedener Nationalität, betatschten ihren Sponsor und einander und hantierten mit einer riesigen Champagnerflasche.

Diese Gruppe war repräsentativ für das Publikum. Alle hatten sich viel Mühe mit ihren Outfits gegeben und feierten sich exaltiert. Touristen wie ich fielen da glücklicherweise nicht so auf, wir wirkten mit Flipflops und ausgewaschenen Jeans ein wenig fehl am Platz. Aber wie die anderen hatte auch ich meinen Anzug und Krawatte zu Hause gelassen. Wenigstens war der Club, bis heute fällt mir der Name nicht mehr ein, sehr groß und weitläufig, so dass es viel zu beobachten und checken gab. Die Zeit verging schnell. Kaum jemand stand einfach nur herum und glotzte, entweder unterhielten sich die Leute oder sie tanzten. Ich auch, es lief die ganze Zeit nur Funk und HipHop, eigentlich nicht meine Musik, aber gerade deshalb interessant. Außerdem hat dieser Sound einfach mehr Sex als das stumpfe House-Gedröhne, das man sich in Deutschlands Clubs immer antun muss. Die Mädels tanzten jedenfalls großartig und ich tanzte mit. Selbstvergessen shuffelte ich gerade über die Tanzfläche, bis ich durch die Menge einen Blick auffing. An der Theke stand eine dunkelhaarige Frau und beobachtete mich amüsiert. Als sich unsere Blicke trafen, lächelte sie noch etwas breiter und schwenkte fragend eine Bierflasche. Ich grinste, schloss die Augen und nickte mit dem Beat. Als ich sie wieder öffnete, bahnte sie sich gerade ihren Weg auf mich zu. Sie hatte dunkle, krause Locken und sehr blasse Haut. Ihre Kleidung war ähnlich alltäglich wie meine, eine enge helle Jeans und ein ärmelloses Shirt. Als sie vor mir stand, wirkte sie sehr schmal und zierlich.

»Ich bin Hannah«, rief sie mir fast akzentfrei ins Ohr und drückte mir ein kaltes Heineken an die Brust.

»Woher weißt du, dass ich Deutscher bin?«, rief ich zurück, aber eigentlich wollte ich das gar nicht so genau wissen. Und richtig, »Das sieht man halt«, kam die Antwort. Ich zuckte mit der Schulter, nahm einen tiefen Schluck und tanzte weiter. Hannah lächelte wieder spöttisch und tanzte auch. Und so kamen wir uns näher; obwohl wir uns kaum berührten, entstand langsam eine intime Atmosphäre zwischen uns, so dass es mir beinahe selbstverständlich vorkam, Hannah irgendwann an der Hand von der Tanzfläche zu führen. Sie kam aus Israel, hatte zwei Jahre in München studiert und schrieb hier in Lissabon ihre Abschlussarbeit in Internationalem Recht oder so etwas Ähnlichem. Sie ging gerne alleine aus.

»Ich habe eine kleine Wohnung in der Altstadt«, sagte sie, als wir für neue Getränke anstanden, »und nachher würde ich sie dir gerne zeigen, Surfer aus Köln.«

Köln hörte sich nicht so gut an, da waren mein Job und meine Freundin, aber ich verdrängte den Gedanken. Das machte keine Probleme. Hannah war clever und schön und wusste ganz genau, dass mich ihr Plan ziemlich euphorisch gemacht hatte. Es gelang mir, sie nicht zu langweilen und gegen 4 Uhr saßen wir im Taxi zu ihr. In ihrer Wohnung in einem alten Mehrfamilienhaus verschwand sie gleich im Bad, während ich mir ihre Zimmer anschaute. Erst mal als Alibi das Bücherregal und dann die Fotos an den Wänden.

»Im Kühlschrank ist noch Bier«, hörte ich sie durch die Badezimmertür. Ich holte zwei Flaschen, öffnete eine und betrachtete ihre Fotowand. Wo war ihr Freund? Den aus Israel fand ich schnell, ein rothaariger Typ mit breiten Schultern und Boxernase. Auf einem Foto posierte er tatsächlich mit Maschinenpistole auf einem Militär-Geländewagen. Offensichtlich surfte er auch, tauchte und fuhr ein Cross-Motorrad.

»Setz dich zu mir, ich möchte dir etwas sagen.« Ich hatte sie nicht gehört, Hannah stand nackt vor dem Bett und öffnete ihr Bier. Ich gehorchte.

»Wir können alles machen, aber nicht ficken«, flüsterte sie und zog mich an sich.

»Okay«, murmelte ich und wir küssten uns. Das konnten wir ja noch später diskutieren. Aber es blieb dabei, mein Schwanz durfte nicht in die Nähe ihrer Muschi kommen. Aber es gab ja Alternativen. Nachdem ich einige Zeit mit Küssen, an ihren Brüsten saugen und mit ihrer Klitoris spielen verbracht hatte, richtete sie sich auf, drückte mich auf den Rücken und setzte sich rittlings auf mein Gesicht. Ich teilte ihre Schamlippen und tauchte ein. Das hätte ich Stunden machen können, sie schmeckte frisch und salzig, alles war nass, mir liefen tatsächlich Tropfen das Kinn runter. Währenddessen lutschte Hannah meinen Schwanz und drückte meine Eier. Ich war völlig weggetreten. Schließlich kam sie zuckend. Sie bearbeitete noch eine Minute meinen Schwanz mit der Hand, dann kollabierte ich. Hannah zog ein Bettlaken über uns und schweigend kamen wir wieder zu Atem. Als ich meinen Kopf wendete, um Hannah ins Gesicht zu schauen, blickte sie mich einen Moment lang abschätzend an, dann schloss sie die Augen und wandte sich ab.

Nach einigen Minuten wollte ich mich aufrichten; Hannah lag schwer und reglos an meiner Schulter und schlief oder tat so. Meine Hose hing mir immer noch um die Beine und ich danke Gott noch heute dafür, dass ich sie hoch- und nicht auszog, als ich ins Bad ging. Als ich gerade die Badezimmertür hinter mir schloss, hörte ich ein Schlüsselrasseln und wie sich die Wohnungstür langsam öffnete. Draußen versuchte jemand, leise die Wohnung zu betreten. Ich erstarrte und versuchte nervös und immer noch ziemlich betrunken, diese Situation einzuordnen. Als die Schritte sich von meiner Tür entfernten, öffnete ich sie vorsichtig und blickte in den Flur. In der Tür zu Hannahs Schlafzimmer stand ein Muskelberg in T-Shirt und Motorradstiefeln und blickte hinein.

»Luis«, hörte ich Hannahs seltsam ruhige Stimme. Luis antwortete unverständlich, wahrscheinlich auf Portugiesisch. Ich überschlug die Situation. Meine Hose und mein Geld hatte ich bei mir, im Zimmer lagen mein Hemd und meine Turnschuhe. Eine Konfrontation mit Luis wollte ich vermeiden, ich war mir plötzlich sicher, dass auch Hannah nicht mehr auf meiner Seite war. Luis betrat den Raum, gleich würde er vermutlich ein mehrere Nummern zu kleines Polohemd und definitiv ebenfalls zu kleine Chucks finden und sich und Hannah ein paar Fragen stellen. Ich riss die Badezimmertür auf, hechtete zur Wohnungstür, riss auch diese auf und hörte Luis »HEY!« brüllen, als ich das Treppenhaus runterstolperte. Das konnte Hannah schön alleine ausbaden.

Ich bin mir noch heute sicher, dass das eine Art Falle war, um dem guten Luis eine zu verpassen. Ich hörte ihn mit brachialer

Stimme etwas im Treppenhaus schreien, rannte schneller, dann fiel die Haustür hinter mir ins Schloss. Auf der Straße war alles ruhig, die Sonne ging auf. Ich trabte barfuß los, um eine Hauptstraße und vor allem Taxis zu finden. Mein Herz schlug, und plötzlich musste ich nervös lachen.

Im Hotel lagen Cornelius und Martin schnarchend in ihren Betten. Ich nahm mir ein neues T-Shirt und ging frühstücken. Als die beiden endlich zum Leben erwachten, hatte ich den Wagen schon getankt und vorgefahren. Ich bestand darauf, die erste Fahrschicht zu übernehmen. An Schlaf war einfach noch nicht zu denken.

BRAV UND POSSIERLICH

Johannes (29), DJ, Berlin
über
Mareike (26), Sportstudentin, Darmstadt

Klar bin ich tierlieb. Wer ist das nicht? Die wenigsten. Ich kann mich noch genau an meinen ersten Berufswunsch erinnern. Damit meine ich den ersten richtigen Berufswunsch, also nicht diese Sperenzchen, Astronaut oder Spider Man werden zu wollen. Ich wollte Tierpfleger werden. Damals besorgte ich mir die ersten Broschüren von Greenpeace & Co und malte mir ein aufregend rosiges Leben inmitten lieber und von mir geretteter Tiere aus. Leider wurde diese bedingungslose Liebe einige Jahre später auf eine harte Probe gestellt, als ich während einer nächtlichen Fahrradfahrt aus dem Dunkeln von einem Kalb von Tier, welches direkt aus dem Vorhof der Hölle zu springen schien, angefallen wurde. Einem Dobermann. Dass diese Tiere bis heute als Hunde klassifiziert werden, bleibt mir ein Rätsel. Jedenfalls hat sich damals ein Schalter in meinem Kopf umgelegt.

Heute bin ich noch immer tierlieb – mit einer Ausnahme: Sobald sich mir ein unbekannter Hund nähert, welchem ich im Notfall größentechnisch nicht innerhalb einer Millisekunde einen Tritt auf seine Schnauze verpassen kann, werde ich zunehmend nervös. Diese Nervosität kann durchaus in ausgelassener Panik enden, wenn ich mich dem Hund auf die eine oder andere Art ausgeliefert fühle. Es nützt auch nichts, wenn dies der neue superkinderliebe Hund eines engen Kumpels ist, dem ich blind vertraue – ihm ja, aber nicht seinem Hund. Ich kann jedes Mal deutlich spüren, wie sich mein Blickfeld verengt, wenn ich durch eine der städtischen Grünanlagen schlendere, auf einmal ein Schatten auf mich zuhüpft und von weit hinten eine Stimme zirpt: »Keine Angst! ... Der will nur spielen!« Ganz genau, mit meinem Kehlkopf.

Na ja, es gibt schlimmere Phobien, zum Beispiel vor Handystrahlen oder Clowns. Zumindest schränkt mich dieser erzwungene Respekt gegenüber dem besten Freund des Menschen nicht im alltäglichen Leben ein. Schon gar nicht im Liebesleben ...

Ich lernte Mareike auf einer Party in Darmstadt kennen. Ich hatte die Nacht mit einer guten Freundin in einem Berliner Technoclub verbracht, anschließend waren wir nach Hessen gedüst. Ich sollte in Darmstadt auf einer Uni-Party auflegen. Also rockte ich mit ordentlichem Schlafdefizit und dem Resthirn, welches mir für das Wochenende noch blieb, diese Studentenparty.

Während des Auflegens fiel mir ein elfenhaftes weibliches Wesen auf, welches sich ab und zu aus der tanzenden Menge löste, bis kurz vor das DJ-Pult zu schweben schien, um dann gleich wieder in der Masse zu verschwinden. Irgendwann stand Miriam neben mir. Sie muss bemerkt haben, wie mein Blick an dem Mädchen haften blieb, als diese wieder Richtung Pult tänzelte. Beinahe hätte ich vergessen, die nächste Platte anzuschubsen.

»Das ist Mareike«, klärte mich Miriam auf, »... hat schon nach dir gefragt ... sie hat sich grad von ihrem Freund getrennt, das war vielleicht ein Arsch. Der war im Matrix Türsteher, kennst du doch, in Offenbach ... der hat immer ...« Ich hörte schon gar nicht mehr zu. Die Hard Facts fielen, doch meine Aufmerksamkeit war einzig auf Mareike gerichtet. Miriam grinste: »Willst du noch was trinken?«

»Nee, danke, lass mal«, entgegnete ich, »ich komm gleich wieder.«

Auf dem Weg zur Toilette nahm ich doch noch ein weiteres Bier mit. Als ich zurückkam, standen Miriam und Mareike bei den Plattentellern. Sobald sie bemerkten, dass ich mich näherte, verschwand Miriam mit einem dreckigen Grinsen. Großartig, wie Mareike dort stand und mich schelmisch anlachte: »Miriam ist mal raus zum Auto, so lange musst du mit mir vorliebnehmen.«

»Ich hoffe, sie lässt sich Zeit«, versuchte ich so cool wie irgend möglich zu entgegnen, während ich mich an ihr vorbei hinter meine Plattenspieler schob.

»Wie lange musst du denn noch auflegen?«, fragte sie und wir verabredeten uns für eine Stunde später an der vorderen Bar. Okay, dachte ich, Qualifikationsrunde spielend überstanden! Die nächste Stunde zog sich wie Kaugummi und ich versuchte Mareike nicht eine Sekunde lang aus den Augen zu lassen. Sie schien das zu amüsieren. Anscheinend machte sie sich ein Spielchen daraus, mir mal hier und mal da aus einer Ecke ein zartes Lächeln zuzuwerfen.

Endlich, meine letzte Platte. Der darauf folgende DJ, der sich mit »Storm« vorstellte, hatte mit mir bereits den üblichen Smalltalk begonnen:

»Coole Mucke ... und der Mixer? Ah lass mal, ich seh schon X700 3.1, edles Teil ...«

Ich nickte abwesend. Nicht nur, dass mir noch die letzte Nacht an Schlaf fehlte, der viele Alkohol und die Tüte, die mir der DJ-Typ gereicht hatte, konservierten mich ebenfalls nicht. Angestrengt versuchte ich, mich für das bevorstehende Beschnuppern mit Mareike zu sammeln. Wahrscheinlich würde ich dennoch jede Menge Vokale vergessen und mich in endlosen Schachtelsätzen ohne roten Faden verlieren. Mareike hatte zwei Gin Tonic vor sich stehen und schob mir zwinkernd einen rüber.

»Ich kenn den Barmann schon etwas länger und ich hasse Bier!«

»Gut zu wissen«, nuschelte ich, in Gedanken schon achtzehn Sätze weiter und dabei, einen Witz vorzubereiten, welcher mich als unvergesslich positionieren würde.

»Ich muss gleich nach Hause zu meiner süßen Amber. Die Kleine muss unbedingt Gassi und wartet schon seit Stunden auf mich ...« Amber, dachte ich, welch skurriler Name!

»Miriam hat mir erzählt, dass ihr morgen Mittag schon wieder weg müsst. Ich dachte, vielleicht magst du zum Frühstück bei mir vorbeikommen? Miriam setzt dich bei mir ab und fährt dann zu ihrem Freund ... später holt sie dich wieder bei mir ab!?«

Ich war mir erst nicht sicher, ob ich das richtig verstanden hatte und sortierte das Ganze noch mal vor meiner geröteten geistigen Klüse: Frühstück, bei ihr, nur für ein paar Stunden, nach dem Auflegen?! Und ich hatte mir gedanklich eine ellenlange Liste mit Argumenten zurechtgelegt, die begründen würden, warum ich sie unbedingt noch mal besuchen müsste. Oder warum ich wenigstens ihre Nummer brauchte. Ich brachte grade mal ein »Gerne« über die trockenen Lippen.

»Ich habe noch 'ne vorgebaute Tüte dabei, wollen wir die draußen rauchen, bevor ich los muss?«, fragte sie.

»Klar.« Meine Eloquenz und Schlagfertigkeit waren auch schon mal ausgeprägter. Ich fragte mich, ob ich es später überhaupt noch zu ihr schaffen würde. Doch als ich ihr hinaus auf den Parkplatz folgte und mir ihre perfekt anmutende Silhouette den Weg wies, spürte ich ungeahnte und tief verborgene Kraftreserven in mir schlummern. Mareike würde sie aktivieren können, da war ich mir sicher.

Draußen angekommen zog Mareike einen Joint in Größe einer Schultüte aus ihrer Jacke und wartete auf Feuer. Nun hatten wir endlich genug Zeit, ein Gespräch zu beginnen. Mareike studierte Sport auf Lehramt und verbrachte ihre gesamte Freizeit auf zwei Arten. Entweder kiffte sie oder sie joggte bzw. fuhr Fahrrad mit

Amber. Amber tauchte in ihren Erzählungen immer wieder auf, doch machte mich das keineswegs stutzig. Ich lauschte hingerissen, wie viel Sport sie trieb und welch perfekter Ausgleich dies zum Kiffen sei. Mareike war wirklich bildschön. Irgendwann kamen wir auf ihren Exfreund und seine miese Art zu sprechen. Auch hier überhörte ich getrost die subtile Warnung, dass er, wenn Amber dabei war, nie aggressiv wurde, nur wenn sie in den Clubs unterwegs waren. Ihre Manga-großen Augen hatten mich vollkommen in ihren Bann gezogen. Nachdem sie den letzten langen Zug von der Tüte inhaliert hatte, verabschiedeten wir uns innig und ich begann, die Stunden zu zählen, bis endlich diese beschissene Studenten-Party ihre Pforten schließen würde und Miriam mich bei Mareike im Frühstücksbett absetzen würde. Ich hielt es kaum aus und überredete Miriam so lange, bis sie nachgab und wir uns von der Party stahlen. Leichte Anfälle von Narkolepsie paarten sich mit Euphorieschüben, die meiner Fahrerin gehörig auf die Nerven gingen. Ich wurde immer ungeduldiger, zappelte im Auto herum und ich glaube, Miriam war heilfroh, als ich endlich aus dem Auto sprang.

»Lasssdiahzeit ...!«, nuschelte ich der Seitenscheibe noch zu und torkelte dann frohgemut in Richtung meines Edens. Ich konnte noch immer nicht glauben, wie glatt das alles verlaufen war und grübelte auf dem Weg zu ihrem Block darüber nach, mit welchem Blick oder Kommentar ich sie überzeugt haben könnte. An der Haustür angekommen, beschloss ich, dass mein Erfolg wahrscheinlich mit Mareikes kürzlicher Trennung von ihrem steroidgestörten Hessenschläger zu begründen war. Ein bisschen Sex zum Trost, ist doch klar ... Ich helfe so gerne.

Mareike öffnete die Tür. Sie hatte inzwischen etwas legerere Kleidung angezogen und trug eine grüne Trainingshose von Adidas und ein zartes Top. Zudem wehte mir der Duft einer frischen Dusche entgegen. Ich wäre am liebsten gleich in dem kleinen Flur über sie hergefallen und hätte mich dann gemeinsam mit ihr Meter für Meter durch das Zimmer Richtung Bett vorgearbeitet. Im Tageslicht sah sie sogar noch viel umwerfender aus als zuvor im schummrigen Licht der Party. Ich war erleichtert. Keines dieser Club-Chamäleons, die nur im farblichen Wechselspiel des Discolichts fantastisch aussehen, doch wenn man Arm in Arm aus der Clubtür tritt und der erste Sonnenstrahl die Haut berührt, wird der Zauber gelüftet und zerackerte Haut, totgebleichte Haare und leere Augen kommen zum Vorschein. Ich sog den Duft frischen Kaffees in meine Nüstern und zog Mareike an mich. Wir verkeilten uns in einer innigen Begrüßung. Doch irgendetwas stimmte nicht.

Als sich meine Augen zur kurzen Orientierung öffneten, bemerkten sie hinter dem Milchglas der Flurtür einen flüchtigen Schatten. Blitzschnell kam mir wieder der Exfreund, kombiniert mit einem Kieferbruch, in den Sinn. Oh Gott, dachte ich, du brauchst Schlaf. Mareike löste sich zärtlich aus meiner Umarmung, drehte sich wie eine Balletttänzerin und zog mich an ihrer Hand weiter in ihre Wohnung.

»Ich muss dir doch noch jemanden vorstellen, … sie war sooooo brav und dabei war sie fast sieben Stunden alleine!«, sagte sie. Ach ja, der kleine Kläffer, fiel mir wieder ein. Ich kalkulierte circa fünf Minuten ein, in denen ich mich scheinheilig für den Köter interessieren, den Kaffee hinunterspülen und schon mal an ihrem Ohr knabbern würde, während ich auf die Wirkung des Koffeins wartete.

»Komm mal her, Amber …«, zirpte Mareike. Urplötzlich verengte sich der Raum um mich, die Wände näherten sich mit rasender Geschwindigkeit und der Fußboden schien sich gleichzeitig zu entfernen. Tunnelartig eröffnete sich mir der Blick in die Einzimmerwohnung Mareikes. In deren Mitte wartete ein Paket aus circa 40 Kilogramm Muskelmasse auf sein Stichwort. Das hellbraune glatte Fell ließ jede Muskelfaser deutlich erkennen und erinnerte an die Kurzstreckenläufer bei Olympischen Spielen. Die Pfütze, die sich unterhalb des astronomischen Kiefers gebildet hatte, der eine Beißkraft von vier Tonnen versprach, ließ erahnen, dass der Speichelausfluss dieses Höllenhundes enorme Ausmaße hatte. Langsam, aber keinesfalls schwerfällig setzte sich der Koloss in Bewegung, und während der nicht mehr vorhandene Schwanz samt Muskelgesäß von links nach rechts schwang, kam Amber geschmeidig auf uns zu.

Mareike ließ meine Hand los, beugte sich über den Kopf des Tiers, streckte dem Kinderfresser die rechte Backe ihres zarten Gesichts hin, um diese mehrmals feucht und tropfend abschlecken zu lassen

»Du hast einen Kampfhund?«, fragte ich, das leichte Zittern in meiner Stimme mühsam unterdrückend.

»Ach Quatsch, Kampfhund ... , das ist von den Medien so hochgeschaukelt worden. Ich find`s total mies, dass ne ganze Tierrasse so verteufelt und über einen Kamm geschert wird. Die Amber ist eine reinrassige Pitbull-Hündin und war noch nie aggressiv zu mir ... und 'nen Dackel kann man auch reizen, bis der austickt, oder nicht?!«

»Hmm ... na ja«, räusperte ich mich. »Ist denn nicht vor Kurzem bei euch in Frankfurt wieder ein Kind halb zerfleischt worden von einem Ka ... ähh ... -hund?«

»Den haben die doch vorher die ganze Zeit geärgert und gereizt, nur dass darüber keine Zeitung schreibt ... komm schon, in einem Monat sind es dann wieder die Marokkaner, die verteufelt werden ...!«, entgegnete sie aufgebracht und drückte Ambers Hintern auf eine Decke in der Mitte des Zimmers. Wo das Tier auch prompt sitzen blieb. Während Mareike sich über Erziehungsmethoden für Pitbullterrier ausließ, zog sie sich langsam das Oberteil aus, so dass ihre zarten festen Brüste zum Vorschein kamen. Mir fiel es jedoch schwer, mich auf ihren Körper zu konzentrieren, da mich Amber keine Sekunde aus den Augen ließ. Da schwang plötzlich Mareikes halbnackte Hüfte in mein Sichtfeld. Ich zog sie mit auf das Bett, das hinter mir stand, und versuchte das kindermordende Ungetüm zu vergessen.

Inzwischen lief Musik. Wir wälzten uns über die riesige Matratze und ich genoss jeden Zentimeter ihres Körpers. Als ich lachend meinen Kopf zur Seite drehte, während Mareike meinen Hals küsste, und die Augen aufschlug, hätte ich beinahe einen Herzstillstand erlitten. Knapp dreißig Zentimeter von meinem Gesicht entfernt hatte Amber ihren geifernden und schleimfeuchten Kopf auf die Matratze gelegt. Blutunterlaufene Augen blickten mich an. Ohne die geringste Miene zu verziehen, sprach dieses Gesicht Bände. Unter anderem, wer hier auf diesen 24 Quadratmetern das Sagen hatte. Sie fletschte lautlos die Zähne. Ich schloss die Augen, tat, als hätte die Warnung nicht mir gegolten, und versuchte mich weiter dem hinreißenden Körper zu widmen, der nun über mir war. Mareike roch ungeheuer gut und mit neuem Mut drehte ich sie auf den Rücken, um mir mehr Kontrolle über die Gesamtsituation zu verschaffen. Ich küsste mich weiter an Mareikes Körper hinunter und konnte ihre schneller werdende Atmung spüren. Auch Ambers Atmung vernahm ich deutlich. Wurde sie auch schneller?

Ich wollte mir diesen Morgen nicht verderben lassen, nicht aufgeben, nicht hier und nicht jetzt. Ich würde hier in Hessen nicht vor einem Hund den Schwanz einziehen und die Chance verstreichen lassen, mit dieser wunderschönen Frau einen wunderbaren Vormittag der körperlichen Liebe zu genießen! Langsam, ganz langsam konnte ich Ambers Gegenwart aus meinem Kopf verdrängen und wieder in einen Strudel aus heftigem Atmen, Schweiß und diesem wunderbaren Duft tauchen. Doch so ganz bekam ich diese Hauer und den dazugehörigen Kiefer nicht aus dem Sinn. Mareike schnurrte jetzt geradezu. Ich drehte sie mit einem leichten Schwung um – das Kondom saß – und drang in sie ein.

Da vernahm ich ein kurzes, jedoch bestimmtes Knurren. Ich erstarrte. War das jetzt der Köter? Ich drehte mich nach links und konnte leicht erkennen, dass sich das Tier direkt hinter mir in einer sehr jagdartigen Stellung positioniert hatte. Mareike stöhnte, wieder oder endlich. Ich versuchte mich ganz dem Akt zu widmen, als ich erneut ein ganz leichtes Knurren zu vernehmen schien. Verdammte Scheiße, dachte ich mir und versuchte für den Fall der Fälle irgendetwas in greifbarer Nähe auszumachen, was ich der Kampfmaschine entgegenschleudern könnte. Einzig brauchbar wirkte der Wälzer »Die Liebe in den Zeiten der Cholera«, der griffbereit auf dem Nachttisch lag. Doch der Kiefer samt Zähnen würde wahrscheinlich durch Buch und mein Handgelenk wie durch Butter gleiten. Fuck, ich würde zu Hackfleisch verarbeitet werden und was würde in der Zeitung stehen? *Besoffener DJ reizt unter Drogeneinfluss einen Pitbull, bis dieser ihm die Gliedmaßen zermalmt, und rennt dann nackt durch Frankfurts Vorstadt.* Mareike wäre wahrscheinlich froh, dass endlich mal beide Seiten der Geschichte diskutiert würden.

Sie bekam von dem allen nichts mit – bis jetzt. Die Panik im Kopf hatte sich durch den Körper in alle Glieder ausgeweitet und zeigte nun Wirkung. Ich erschlaffte.

»Ist alles klar?!«, fragte sie.

»Äh, … ha, na klar, ist nur der ganze Substanzmix heute Nacht. Ich glaub, ich brauche einfach mal was Antialkoholisches …« Ihr nackter Körper erhob sich sanft und in der Küche angekommen rief sie: »Es tut mir leid, ich bin ein bisschen ausgehungert, was Sex betrifft … hi hi … und daher etwas ungeduldig!«

Nun reichte es, ich musste hier etwas klarstellen und zwar schnell. Ich nahm den Kampf auf, drehte meinen ganzen Körper

Richtung Hund und versuchte Amber mit böser Miene tief in die Augen zu schauen. Nur an den wunderbaren Sex zu denken, welchen ich gleich durchleben würde! Nur nicht meine Hundeangst an die Oberfläche gelangen lassen! Irgendwie kam es mir so vor, als ob sich ein leichtes Grinsen über Ambers Gesicht legte, ein zufriedenes siegessicheres Grinsen.

Mareike schwebte am Bett vorbei, stellte ein Glas Saft auf den Nachttisch, streichelte im Vorbeigehen erst mein Bein und danach Ambers Kopf: »Ich lass euch mal kurz allein, ich nehm schnell meine Kontaktlinsen raus.«

Da waren wir nun. Zwei Gladiatoren in der Arena. Nur einer würde hier als Sieger hervorgehen. Der andere untergehen und jegliche Ehre verlieren. Amber erhob sich, fletschte ihre riesigen Zähne, knurrte drohend, um dann ein grausiges Bellen in meine Richtung zu werfen. Langsam näherte sie sich dem Bett. Mein Blick wanderte kurz zu dem dicken Roman.

»Komisch«, vernahm ich aus dem Bad, »sonst ist sie bei neuen Leuten immer ganz ruhig.« Mit einem Satz war Amber plötzlich auf das Bett gesprungen. Fast zeitgleich stand ich mit rasendem Puls an der Stelle, an der sie abgesprungen war. Die Musik hörte ich nicht mehr, Mareikes Stimme aus dem Bad hörte sich weit und dumpf an. Ich musste hier raus, schnell und lebendig.

Innerhalb einer Minute war ich in meinen Klamotten, suchte mein Handy, trat an die Badezimmertür und keuchte: »Baby, es tut mir so leid, aber ich muss weg! Miriam ist gleich hier. Sie hat mich eben angerufen und will schnell zurück nach Berlin. Zoff mit ihrem Freund! Sorry, echt!« Während ich die Tür hinter mir zuzog und Mareike noch irgendetwas sagte, huschte mein Blick ein letztes Mal über den Sieger dieser Nacht. Brav und possierlich anzusehen lag Amber in der Mitte des Zimmers auf ihrem Deckchen, vor ihrem Sabberfleck. Ich schwöre, ihr Grinsen war deutlich zu sehen.

Es regnete. Ich zog meine Jacke zu und lief bis zum Ende der Straße. Dort setzte ich mich an den Rand des Bürgersteigs und wartete. Nach fast zwei Stunden rief Miriam an. Sie sei in 15 Minuten bei Mareike, ob ich das schaffen würde. Ich lief ihr entgegen, stieg ein und schloss sofort die Augen. Bevor ich in einen trotzig-frustrierten Schlaf fiel, hörte ich noch Miriams Stimme: »Und? Mareike soll ja eine richtige Granate im Bett sein?!«

Ich sah Mareike nie wieder, und obwohl sie meine Nummer hatte, rief sie nie an.

NACKT UND HILFLOS

René (28), Journalist, Hamburg
über
Lena (27), BWL-Studentin, Hamburg

Die Annahme, dass ein Künstler leiden muss, um Großes zu vollbringen, stammt wohl noch aus Zeiten, als Armut bedeutete, in einem kalten Ofenzimmer zu sitzen, ohne Geld für Essen. Man fror noch mehr, weil man hungrig war. Einsam war man auch, da man sich keine Briefmarke leisten konnte, um dem einzigen Freund, den man in dieser Stadt besaß, eine Postkarte zu schreiben, mit der man sich für den Sonntag im Park hätte verabreden können.

Mein Leid sieht anders aus.

»Tapp nicht in die Schuldenfalle«, warnen meine Eltern mich gern, ein Satz wie aus einem schlechten TV-Format. Doch diese Sorge ist unbegründet, größere Anschaffungen habe ich eh nicht im Sinn. Was auch, ich brauche nicht viel, nur meine Ruhe. Um dieses Leben in Frieden und Armut zu finanzieren, schreibe ich CD-Rezensionen und übernehme Gelegenheitsjobs. Irgendwann möchte ich ein Buch schreiben, aber dazu mangelt es mir bislang an Lebenserfahrung. Wen interessieren schon die Geschichten von Mittezwanzigjährigen?

Wenn ich mittags aufwache, frage ich mich manchmal, ob ich zu viel ausgehe. Das ist natürlich unprofessionell, man sollte sein Tun nie im Nachhinein bejammern. Doch durch Alkohol verschwimmen meine Erinnerungen und ich frage mich, ob ich auf diese Weise jemals genug Lebenserfahrung für meinen Roman sammeln werde.

Manchmal geraten Situationen auch außer Kontrolle. Letzte Woche bin ich aufgewacht, ich wusste nicht, wo ich bin, um mich herum war es stockdunkel. Meine Beine waren eingeschlafen und schmerzten schrecklich, unter mir spürte ich eisigen Steinboden und mein Gesicht lehnte offenbar an einer Wand. Mein ganzer Körper fühlte sich steif und erfroren an und ich musste pinkeln. Rechts über mir glimmte ein schwaches Licht, auf das ich vorsichtig zukroch. Ein Lichtschalter! Ich betätigte ihn und fand mich in einem mir unbekannten Treppenhaus wieder, auf einem Treppenabsatz kauernd. Erst jetzt wurde mir die peinigende Erkenntnis bewusst, dass ich vollkommen nackt war.

»Konzentrier dich! Konzentrier dich!«, flüsterte ich vor mich hin, was zwar nicht wirklich zu meiner Konzentration beitrug, mich jedoch beruhigte. Langsam waberten schemenhafte Bilder durch die zähe Dunkelheit meiner Gedanken … ein blondes Mädchen … und nach und nach kehrte meine Erinnerung zurück.

Ich war mit Jan in eine Bar gegangen, zwei Mädchen hatten sich an unseren Tisch gesetzt. Mit der einen hatte ich mich unterhalten, sie war niedlich, ziemlich klein und na ja blond, … ich vergesse Namen immer sofort und nach der dritten Nachfrage hab ich's einfach dabei belassen. Man kann jahrelange Freundschaften pflegen, ohne sein Gegenüber je beim Namen zu nennen. Ich kann das … Jedenfalls bin ich irgendwann mit der Blonden im Taxi nach Hause gefahren. Zu ihr. Hierhin also, wo auch immer das sein mag. Wir haben während der Fahrt kaum gesprochen, Küssen ist immer einfacher als Reden, vor allem, wenn man sich nicht kennt. Sie war ziemlich betrunken, aber nicht unangenehm. Manche Mädchen quietschen und kreischen, wenn sie zu viel getrunken haben. Die Blonde hat stattdessen ganz artikuliert und langsam gesprochen. Was, wusste ich nicht mehr. Ich konnte mich auch nicht an das Treppenhaus erinnern, erst wieder an ihre Wohnung, dass sie im Flur ihre Jacke ausgezogen hat und ich sie sofort anfassen musste. Sie trug eine weiße Bluse und darüber eine Strickjacke, ziemlich bieder. Reiche-Tochter- oder Pferdemädchen-Stil. Bei solchen Frauen habe ich eigentlich keine Chance, aber wenn sich unverhofft mal eine von mir küssen lässt, greife ich natürlich zu. Ich war ziemlich wild darauf, ihr die Bluse auszuziehen und fing im Flur sofort damit an. Sie zierte sich nur kurz, und auch nicht zu sehr, sondern in angemessenem Maße, versteifte die Schultern ein wenig, ließ mich aber gewähren, während ich ihre gebügelte Bluse aufknöpfte. Sie schwankte leicht und lehnte sich dann mit geschlossenen Augen gegen die Wand. Die Bluse rutschte nach unten und ich öffnete ihren BH. Als ich ihre Hose aufknöpfte, öffnete sie die Augen und zog sanft meinen Kopf nach oben.

»Geh da rein, ich komm gleich«, sagte sie und schob mich vor sich her in ihr Schlafzimmer. Wenig später betrat sie den Raum, sie trug ein kurzes Trägerkleidchen, eine Rotweinflasche unterm Arm und Gläser in der Hand. Ich war augenblicklich verliebt.

Sie setzte sich zu mir aufs Bett, ließ sich von mir küssen und fuhr mit ihren Händen unter meinem Pullover meinen Rücken entlang. Ihr Körper, der sich unter dem dünnen Stoff deutlich abzeichnete, ließ mir nicht viel Zeit. Ich wollte sie nackt auf mir spüren, unter mir. Sie war eins von diesen Mädchen, bei denen man immer befürchtet, dass sie gleich aufstehen und gehen, es sich einfach anders überlegen. Doch sie blieb da, umarmte mich, stöhnte sogar leise, als ich mit meiner Hand an ihrem Bein entlangfuhr.

Es war tröstlich, die Nacht Revue passieren zu lassen, während ich nackt und ratlos in dieser kalten, feindlichen Umgebung kauerte. Doch setzte mir die Kälte immer mehr zu, meine Zähne schlugen aufeinander und meine Finger waren ganz steif. Ich müsste aufstehen und mich bewegen, doch das hieße, die Situation zu akzeptieren. Und dann würde ich etwas unternehmen müssen. Nur was? Ich blieb sitzen, biss die schlotternden Kiefer fest aufeinander und zog meine Arme eng um meinen Körper. Nicht an die Kälte denken.

Von jeher Meister der Verdrängung sah ich bald die Blonde wieder vor mir, wie sie sich mit gespreizten Beinen auf meinen Schoß setzte. Ein Träger war über ihre Schulter gerutscht. Ihr Körper war glatt und zierlich. Sie stöhnte auf eine Art, dass ich trotz meiner Gier den Atem anhielt, um das Geräusch nicht zu übertönen.

Doch was war dann passiert? Ich hatte nach dem Sex noch eine Weile wach gelegen, den Wein ausgetrunken und war dann eingeschlafen. Irgendwann im Laufe der Nacht bin ich aber offensichtlich wieder aufgestanden und ohne wach zu werden in ihr Badezimmer gegangen. So muss es gewesen sein! Den Flur entlang und dann rechts … zumindest in meiner Wohnung. Doch in ihrer war ich geradewegs in den Hausflur gelaufen, in dem ich jetzt nackt und frierend auf einem Treppenabsatz saß. Seit meiner Kindheit war ich nicht mehr schlafgewandelt. Wie sollte ich jemals wieder ruhig einschlafen, wenn ich nicht mit Sicherheit sagen konnte, wo ich aufwachen würde? Ein schrecklicher Gedanke! Meine Blase drückte mittlerweile entsetzlich, ich musste etwas tun. Also stand ich auf. Hoch oder runter? Ein Blick übers Treppengeländer zeigte mir, dass es unzählige Stockwerke gab. Ich war in einem Hochhaus, auch das noch! Ich lief erst einmal nach oben und suchte die Klingelschilder nach etwas Vertrautem ab, doch dort standen nur Nachnamen, das half mir nicht weiter. Ich lief in den Hinterhof und stellte mich in eine dunkle Ecke. Dann sah ich nach, ob irgendwo Licht brannte. Alle Fenster schwarz. Mein Blick wanderte über den dunklen Hof und blieb an einem Altpapiercontainer hängen. Ich huschte darauf zu, öffnete den Deckel und entnahm eine Bild-Zeitung, die ich wie ein Handtuch um mich zu wickeln versuchte. Dann legte ich meine Hände an den Mund. Die Zeitung fiel zu Boden.

»Hallo!«, rief ich. Vielleicht war das Fenster des blonden Mädchens offen und sie wachte auf. »Ich bin ausgesperrt! Lass mich rein!«

Nichts. Ich versuchte es weiter, ohne Erfolg. So langsam stieg Wut in mir hoch.

»Hallo! Kennt jemand ein blondes Mädchen?«

»Halt's Maul, du Arschloch!«

Immerhin, endlich eine Reaktion! In einem Fenster im zweiten Stock ging das Licht an. Es erschienen ein fleischiger Kopf, haarige Schultern, ein weißes Unterhemd. Hoffnung stieg in mir hoch.

»Hallo! Kennen Sie ein blondes Mädchen, so um die zwanzig? Bitte?! Ich muss wissen, wo sie wohnt! Bitte, helfen Sie mir!«

»Ich komm gleich runter und helf dir, du Wichser!« Das Fenster wurde zugeknallt. Oh nein. Ich hatte keine Wahl, also rannte ich die Treppen rauf, dem Licht entgegen, zu dem unflätigen Fleischklops in den zweiten Stock. Ich atmete tief durch und klingelte bei »Krause«. Wütendes Stampfen und Schnauben näherte sich der Tür.

»Unverschämtheit! Du bist ja pervers, du Arsch …«

Ja ja! Langsam reichte es mir. War nicht schon alles schlimm genug? Musste ich mich wirklich jetzt auch noch nackt mit diesem Heini im Hausflur streiten? Ich konnte ihn mühsam davon überzeugen, nicht auf mich loszugehen, indem ich ihm meine missliche Lage erklärte.

»Wie? Und warum biste nackt?«

Tja. Ich begann noch einmal von vorn. Diesmal verstand Herr Krause mein Anliegen. Leider kannte er das Mädchen nicht, das Haus war viel zu groß.

»Würden Sie mir bitte etwas zum Anziehen leihen? Ich flehe Sie an! Und bitte etwas Geld, ich schwöre, dass ich es Ihnen wiedergebe, gerne das Doppelte, nein Dreifache, aber, bitte, helfen Sie mir …«

Einige peinigende Minuten später saß ich um zehn Euro reicher in einer ausgewaschenen Trainingshose, Adiletten und Feinripp-Unterhemd noch immer bibbernd in einem Taxi, auf dem Weg zu Jan. Ich musste zehn Minuten klingeln und gegen seine Wohnungstür hämmern, bis er mir verschlafen die Tür öffnete. Vor Erleichterung, ihn zu sehen, hätte ich fast einen Schwächeanfall erlitten. Ich hätte es sicherlich nicht ertragen, wenn er nicht zu Hause gewesen wäre.

»Wie siehst du denn aus?« Jan prustete los. »Steht dir ausgezeichnet!« Er kriegte sich gar nicht mehr ein, während ich meine Geschichte erzählte. So witzig war das wirklich nicht. Da fiel mir ein, dass mein Handy noch bei ihr liegen musste. Vielleicht war es angeschaltet?

»Gib mir mal dein Handy, du Clown!«

Ich wählte meine Nummer und gleich beim ersten Läuten ging sie an mein Telefon. Ihre Stimme klang wütend: »Was ist los?! Wo bist du? Ich werde wach, du bist weg, aber all deine Sachen sind hier … Was soll das?«

Wirklich erklären konnte ich das alles auch nicht.

»Keine Ahnung, ich muss schlafgewandelt sein. Geradewegs ins Treppenhaus. Sag mir einfach deinen Namen und das Stockwerk, in dem du wohnst. Darf ich gleich vorbeikommen?«

Jan gab mir Geld und etwas zum Anziehen. Ich stieg die Stufen zu Lena hoch, nachdem ich Herrn Krause seine Garderobe und 30 Euro gegeben hatte. Er drückte mir die Daumen, wir waren jetzt Kumpels. Lena dagegen behandelte mich wie einen Geisteskranken. Mein verkatertes Stammeln trug wohl auch nicht dazu bei, sie wieder für mich einzunehmen. Ich war müde und erschöpft, sicher würde ich krank werden. Doch Lena würde mich bestimmt nicht pflegen wollen. Kopfschüttelnd verabschiedete sie sich schnell. Nach ihrer Nummer zu fragen, wagte ich nicht, sie hätte mir bestimmt eine falsche gegeben.

Wenn ich in Zukunft woanders übernachten sollte, werde ich die Türe abschließen oder mich festbinden, irgendwas, Hauptsache, ich erwache nie mehr nackt in einem fremden Treppenhaus. Vielleicht kann ich diese Episode beizeiten in meinen Roman einbauen, ich hoffe es.

BILLIGE GRÜNDE

Nico (29), Medizinstudent, Hamburg
über
Laura (27), Rechtsanwaltsgehilfin, Köln

Schlimm war Sex in meinem Leben immer dann, wenn das Gewissen nicht mitspielte. Ich meine, man bastelt sich im Zweifelsfall ja immer moralische Vehikel, die dann das nächste Fremdgehen, den nächsten Betrug an der Partnerin oder wem auch immer entschuldigen sollen. Alkohol, Rache, Aufmerksamkeit – alles billige Gründe, um ficken zu dürfen.

Meine persönliche Höchstleistung im Kampf gegen Anstand und Ehrgefühl war bislang wohl, mit der Freundin eines Bekannten zu ficken, während er nebenan schlief.

Immerhin war er kein Freund, aber viel besser macht es das natürlich auch nicht.

Laura und Tobias waren wie gesagt Bekannte von mir; Teil eines ziemlich großen Freundeskreises von ehemaligen Kommilitonen, Arbeitskollegen, Verwandten und wen man noch so im Leben kennen lernt. Seitdem ich in Hamburg wohne, sind da einige Leute zusammengekommen, geblieben und auch wieder von der Bildfläche verschwunden. Meistens hat man doch ohnehin nur einen harten Kern enger Freunde, die anderen trifft man dann bei Großereignissen wie Geburtstagspartys oder meinetwegen auch Hochzeiten. In diesem Fall war der dreißigste Geburtstag meiner Ex-Teilzeitfreundin und Ex-Friseurin Nadja der Anlass zum Feiern. Die Party fand bei ihr zu Hause statt, in einer riesigen Dachwohnung in Altona, die Nadja mit lauter anderen süßen

Frauen bewohnte. Für mich war es ein Heimspiel; da ich eh die Hälfte der Gäste kannte, kam ich allein und riss gleich die Herrschaft über die improvisierte Cocktailbar an mich. Ich habe schon während meines Studiums gerne an Theken gearbeitet, immer mittendrin, aber gleichzeitig auch der kühle Beobachter. Außerdem muss man nicht ständig reden, um beachtet zu werden. Laura und Tobias gehörten auch zu meinen Stammkunden an diesem Abend. Für Laura gab es viele Caipis, das Dreckszeug, und Tobias ließ sich von mir fachmännisch durch das gesamte Spirituosenangebot leiten. Das machte sich auch bald bei ihm bemerkbar.

»Mach uns doch noch mal 'ne schöne Mischung, Alter!«

Klar doch, Tobias. Tobias tanzte und grölte lautstark auf der Tanzfläche herum, vielleicht hatte er einen guten Tag gehabt. Laura war das etwas peinlich, aber ich nahm ihren Freund in Schutz, irgendwie mochte ich seine ungeschickte Art. Man merkte, dass sein Alltag nicht so viele Möglichkeiten zum Exzess ließ. Laura mochte ich aber leider noch lieber, vor allem weil ich mit zunehmender Trunkenheit auch für ihre anzügliche Art immer empfänglicher wurde. Der Abend nahm seinen Lauf. Um 2 Uhr erreichte das Fest seinen Höhepunkt, ungefähr 150 Leute tanzten, tranken und versuchten sich gegenseitig abzuschleppen. Mehr oder weniger erfolgreich, gegen 5 Uhr lichteten sich die Reihen. Tobias hatte ich mittlerweile aus den Augen verloren. Laura hatte sich die letzten Stunden aufs Tanzen verlegt. Mir war an der Theke langweilig geworden, auf der Terrasse war es schön kühl und etwas ruhiger. Und hier fand mich schließlich Laura.

»Komm mal mit.«

Keine Zeit für lange Reden. Drinnen lagen verstreut die Reste herum. Die meisten Gäste waren gegangen, der DJ schien mit sich selbst beschäftigt und spielte seltsame Musik, aber es tanzte ohnehin keiner mehr. Laura zog mich an der Hand Richtung Flur und kicherte nervös, als ich aus Versehen eine Bierflasche durch den

Raum kickte. Auf dem Sofa im Flur lag Tobias, im Koma. Kein Problem für Laura. Leise schlich sie an ihrem Freund vorbei und brachte mich ins Badezimmer.

Mein zögerliches Verharren beim Anblick des schlafenden Tobias hätte ich mir sparen können, Lauras Plan stand fest. Und ich machte mit. Wortlos und keuchend stolperten wir durch den Raum, ich betatschte Lauras Brüste und küsste sie unkoordiniert, während sie an meinem Gürtel hantierte und versuchte, meinen Schwanz aus der Hose zu holen. Kurz machte ich mir Sorgen, ob er sich ausreichend motivieren ließe, aber Laura drückte mit ihrer Mischung aus Schulmädchen und kaltblütiger Schlampe genau die richtigen Knöpfe. Mit großen Augen blickte sie zu mir hoch und lutschte dabei meinen Schwanz. Sie schmatzte, versuchte, ihn ganz in den Mund zu bekommen, würgte, eben alles, was zu einer guten Blowjob-Phantasie gehört.

Und dann tauchte Tobias plötzlich in meinem Kopf auf. Tanzend und grölend. Ich versuchte ihn zu vertreiben. Laura bearbeitete mechanisch meinen Schwanz. Dann fiel mir ein, wie hilflos Tobias da vor der Badezimmertür auf dem Sofa lag. So ging das nicht. Um mich wieder konzentrieren zu können, zog ich Laura hoch und zerrte ihren Slip runter. Sofort drehte sie sich um, stellte ein Bein auf den Toilettendeckel und streckte ihren Hintern raus. Laura lächelte mir über die Schulter irgendwie unheimlich zu, ich blickte sie ernst an, spuckte mir auf die Hand und fasste zwischen ihre Beine.

Und dann fickte ich sie. Damit war ich erst mal beschäftigt. Laura fühlte sich heiß und klatschnass an, stöhnte laut und drückte sehr schön das Kreuz durch. Eine Weile ging das gut. Aber dann kam Tobias wieder. Und diesmal blieb er. Erst fragte ich mich nur, wie ich später unbemerkt aus dem Bad herauskomme. Dann fragte ich mich, wie Laura hier wohl unbemerkt rauskommen wollte. Dann überlegte ich, ob die beiden wohl schon lange zusammen sind. Laura fragte sich offensichtlich gar nichts, wir waren schon wieder in dieses mechanische Tempo verfallen, ich schob meinen Schwanz rein, sie drückte stöhnend dagegen.

Je monotoner wir uns verhielten, desto weniger wusste ich, wie ich das hier zu Ende bringen konnte. Ein Orgasmus schien mir in viel zu weiter Ferne. Zum Glück schien unser stumpfes Gerammel wiederum genau das Richtige für Laura zu sein. Plötzlich wurde ihr Stöhnen gedehnter, sie griff sich mit einer Hand zwischen die Beine und rieb sich, während sie sich mit der anderen weiter an den Kacheln abstützte. Ich stand einfach nur hinter ihr, umfasste mit beiden Händen ihren kleinen Hintern und arbeitete.

Mir fiel Tobias' ungelenke Kumpelhaftigkeit ein, schnell verscheuchte ich den Gedanken. Mittlerweile fickte ich eigentlich nicht nur seine Freundin, sondern buchstäblich gleichzeitig auch ihn. Das gab mir den Rest. Aber kurz bevor sich meine ohnehin schon weniger stabile Erektion komplett verabschiedete, wurde ich erlöst. Laura atmete heftig ein, keuchte kurz und entspannte sich. So weit, so gut. Und jetzt wollte ich endlich raus hier. Laura war erschöpft, sie hockte auf dem Boden und murmelte etwas. Es kam mir vor, als wären wir seit Stunden hier drin, vielleicht ging es ihr doch ähnlich.

Schweigend zog ich mich an, stopfte meinen deprimierten Schwanz in die Hose, holte tief Luft und öffnete vorsichtig die Tür. Da lag Tobias und schlief den Schlaf der Gerechten. In diesem Moment stand er mir endgültig näher als die arme Laura. Aber wiedersehen wollte ich beide nicht.

JETZT SCHON?

Stefan (26), Schauspielschüler, Berlin
über
Sandrine (24), Kindergärtnerin, Berlin

Manche Mädchen haben einfach kein Benehmen. Oder denken sie, nur weil sie Mädchen sind, sind sie immer im Recht und können sich alles erlauben?

Vor einem Jahr sind wir zur Fusion gefahren, ein Festival zwischen Brandenburg und Berlin. Wir waren zu fünft und wollten von Freitag bis Sonntag bleiben. Sandrine hatte ich zwei Wochen zuvor kennen gelernt. Wir hatten Nummern getauscht, gesmst und waren uns ein paar Mal beim Ausgehen begegnet. Allein hatten wir uns noch nie verabredet, doch als sie spontan verkündete, dass sie und ihre Freundin Katharina mit uns zur Fusion fahren wollten, habe ich mich gefreut, denn Sandrine gefiel mir. Auch hatten wir noch Platz in unserem Bus und je mehr Leute mitkamen, desto besser.

Wir fuhren freitagmorgens los, in sengender Hitze. Sandrine und ich teilten uns die Rückbank. Ihre Freundin war bereits übernächtigt erschienen, anscheinend kam sie direkt aus irgendeinem Club, hatte sich sofort quer über den Sitz gelegt und die geröteten Augen geschlossen. Trotz der lauten Musik im Wagen schien sie fest zu schlafen und schnarchte sogar. Meine Jungs waren vorne, tranken Bier und grölten vorfreudig. Sandrine und ich saßen eng zusammen, unterhielten uns und hatten die nackten Beine gegeneinandergedrückt.

Wir standen ziemlich bald im Stau, die Sonne knallte auf den dunkelblauen Bus. Wegen der Hitze hatte ich mein Hemd ausgezogen und auch Sandrine trug nur Rock und ein Bikinioberteil. Alles klebte und unsere Haut glänzte verschwitzt. Die Schwüle war extrem, geradezu surreal, doch obwohl ich Hitze sonst verabscheue, rückte ich keinen Millimeter von Sandrines warmem Körper ab. Wir unterhielten uns über Job, Familie und über Haustiere. Sie hatte eine ganze Reihe Nagetiere gehabt, Hamster und so, was ich ziemlich abstoßend fand. Ihr Exfreund war vor einiger Zeit versehentlich auf ihr Meerschweinchen getreten, so dass die kleine Ratte eingeschläfert werden musste. Die Beziehung hatte sich von diesem Zwischenfall nie wieder erholt. Ich seufzte, vorgeblich mitfühlend.

Sandrine war ein nettes Mädchen, vielleicht ein wenig naiv, doch wir verstanden uns gut. Wir tranken Orangensaft und ein bisschen Sekt, der uns augenblicklich zu Kopf stieg. Nach etwa zwei Stunden Fahrt signalisierten uns andere Autos durch Hupen, dass irgendetwas nicht stimmte. Wir steuerten einen Rastplatz an und mussten feststellen, dass ein Reifen fast platt war. Dirk, Mehmet und Marco wollten ihn wechseln. Meine Freunde sind nett und verständnisvoll, sie hatten uns im Rückspiegel beobachtet, deshalb war ich so lange freigestellt. Katharina schlief auf einer Rastplatzbank weiter, Sandrine und ich legten uns im Halbschatten auf eine Decke ins Gras. Bald küssten wir uns. Es war ein herrlicher Tag, wir hatten frei, das Festival lag vor uns, das Leben war schön.

Irgendwann stand ich auf, weil ich die sanitären Einrichtungen aufsuchen wollte. Als ich die Toilette verließ, stand Sandrine vor mir. Es war eine schmuddelige dunkle Rastplatztoilette, und eigentlich wollte ich schnellstmöglich wieder raus an die Luft. Doch sie zog mich zurück in den Toilettenraum, umarmte mich und drückte ihren Körper gegen meinen. Ich weiß noch, wie verwundert ich war, Sandrines Verhalten war überhaupt nicht mädchenhaft und passte nicht zu dem Eindruck, den ich bisher von ihr gewonnen hatte. Ich selbst wäre niemals auf die Idee gekommen, sie derart sittenwidrig zu überrumpeln, nach so kurzer Zeit, an einem solchen Ort!

Doch weckte sie meine Neugier. Und nicht nur die ... Sandrine lehnte mit dem Rücken an der bekritzelten Wand, hatte ein Bein auf der Toilettenschüssel abgestellt, der Rock war ihr über die Hüften gerutscht. Ihre Hand glitt in meine Shorts, griff nach meinem Schwanz, der schon die ganze Fahrt über halb steif gewesen war, und rieb ihn. Ich war kurz davor zu kommen, fünf Sekunden noch, ich hätte in ihre Hand gespritzt und alles wäre in Ordnung gewesen, doch Sandrine wollte mehr. Und obwohl es so unnötig war, machte ich natürlich mit. Sie ging vor mir auf die Knie und leckte sanft über meine Schwanzspitze. Ich bekam Gänsehaut, das war ein guter Anfang. Doch dann stülpte sie ihren Mund äußerst unsanft über mich, bewegte den Kopf ruckartig vor und zurück und rammte meinen Schwanz dabei grob und heftig gegen die Innenseite ihrer Backe. Bevor sie abrutschen und mich mit ihren Zähnen verstümmeln konnte, hielt ich ihren Kopf fest.

»Langsam, Süße. Und sanfter ...«, bat ich, doch sie vollführte einfach dieselbe unangenehme Bewegung, ganz mechanisch, nur eben etwas langsamer.

»Warte mal damit, ich will nicht sofort kommen.«

Die kleine Notlüge schien mir mehr als angebracht. Ich zog Sandrine hoch und wollte ihre Hand um meinen Schwanz legen. So konnte sie nicht mehr so viel Schaden anrichten. Ihre Hand würde zu einem schnellen Ende führen, das erschien mir der Situation angemessen, außerdem wollte ich allmählich hier raus. Doch das wollte Sandrine nicht. Stattdessen klappte sie den keimigen Toilettendeckel mit der Spitze ihres Flip-Flops nach unten, dann schob sie mich, so dass ich darauf zu sitzen kam. Wieder bekam ich Gänsehaut, doch diesmal lag es an der Berührung meiner Haut mit dem ekligen Plastik. Sandrine stand breitbeinig über mir, sie hielt meinen Schwanz mit der Hand fest und senkte ihren Unterleib darüber. Langsam ließ sie sich heruntergleiten. Ich beobachtete, wie ich Zentimeter für Zentimeter in sie eindrang, hielt den Atem an, rührte mich nicht. Ich hatte noch immer die Befürchtung, sofort zu kommen und mich zu blamieren, also versuchte ich, mich abzulenken, an Kleinnager zu denken, Hautkrankheiten und Dixie-Toiletten, doch es war extrem schwierig.

»Langsam! Sei vorsichtig!«, keuchte ich, als sie etwas schneller wurde. Meine Hand umkrampfte ihren Oberarm. Als ich ganz in ihr war, verharrten wir einen Moment lang reglos. Beinahe hatte ich die Kontrolle über mich zurückgewonnen, da begann Sandrine unvermittelt heftig ihren Unterleib zu bewegen. Meine Güte, was machte sie denn da? Musste sie denn alles falsch machen?

»Halt«, rief ich, doch sie reagierte gar nicht. Drei schnelle harte Stöße – und ehe ich mich versah, war ich gekommen. Sandrine schien das zuerst gar nicht zu bemerken, sie bewegte sich weiter heftig auf und ab. Es war sehr unangenehm.

»Halt! Stopp! Ich bin gekommen. Entschuldige!« Wieder hielt ich sie fest. Sandrine blickte mich ungläubig an.

»Wie? Du bist tatsächlich gekommen? Jetzt schon?«

Ich nickte, etwas zerknirscht, doch hätte ich nicht mit dem gerechnet, was jetzt folgte. Kerzengerade baute sie sich vor mir auf und zischte mich wütend an: »Was? Bist du bescheuert? Jetzt schon?«

Das konnte doch nicht wahr sein! Es war doch ihre Schuld, sie hätte ja nicht so auf mir auf- und abhüpfen müssen! Wie hatte ich mich bloß mit dieser Person einlassen können? Sie hatte wirklich keine Ahnung von Männern!

»Na ja, wenn du so wild rumzappelst!«, wehrte ich mich empört. »Und dich nicht beherrschen kannst!« Langsam geriet ich in

Rage. »Wir hätten es sowieso besser gelassen!«, setzte ich nach. »Was sollte das überhaupt? So ein Unsinn. Warum verfolgst du mich … und dann hier, im Rastplatzklo?«

»Jetzt tu doch nicht so, als ob du nicht gewollt hättest!«

»Doch, schon, aber du warst schließlich diejenige, die …«

Plötzlich erklangen laute Männerstimmen, die Eingangstür wurde geöffnet. Schlagartig kehrte in mein Bewusstsein zurück, dass wir noch immer in diesem dunklen, stinkenden Toilettenraum standen.

»Komm, raus hier!« Ich drückte mich an Sandrine vorbei, ging einfach vor. Draußen im gleißenden Sonnenschein atmete ich ein paar Mal tief durch. Da erschien auch Sandrine, blinzelnd und noch immer schimpfend.

»Du hast mich doch die ganze Fahrt über angemacht!«

»Quatsch! Und wenn schon, du hast mich ja wohl genauso angemacht!« Was immer wir da diskutierten, es hatte keinen Sinn und es führte zu keinem Ende. Zu welchem auch? Ich wusste jetzt schon nicht mehr, worum es eigentlich ging. Offenbar hatte ich etwas Verletzendes gesagt (»Du wolltest doch«?) und Sandrine war jetzt unreflektiert wütend und streitsüchtig. Das kannte ich nur zu gut von meiner ehemaligen Freundin. Wenn sie erst mal verärgert war, konnte ich gar nichts mehr richtig machen.

Obwohl wir uns erst so kurze Zeit kannten, ging es noch eine ganze Weile hin und her, bis mich Mehmet und Marco erlösten. Zögerlich kamen sie auf uns zu, und fragten, ob wir zur Weiterfahrt bereit wären. Der Reifen war gewechselt.

Nur zu gern hätte ich mich nach vorn gesetzt, doch als ich in den Bus stieg, war die alte Sitzordnung bereits wiederhergestellt. Also musste ich neben Sandrine Platz nehmen, die mir die ganze Fahrt über zornige Blicke zuwarf und ab und an mit zischelnder Stimme etwas vor sich hinmurmelte. Wahrscheinlich Voodoo. Ich tat, als würde ich schlafen. Was wollte diese Nervensäge denn von mir, ging es hier tatsächlich um die Schuldfrage oder um etwas ganz anderes?

Auf der Fusion angekommen, schlugen die Mädchen ihr Zelt neben dem unseren auf. Katharina, offensichtlich erquickt und zu neuem Leben erwacht, alberte mit Marco herum, die beiden berührten sich unnötig oft. Dabei hatte ich meinen Freunden beim Zeltaufbau eine Kurzversion der Rastplatztoiletten-Geschichte gegeben und eigentlich erhofft, dass sie von weiteren Freundschaftsannäherungen mit den Mädchen absehen würden. Von wegen. Katharina verschwand mit Marco zur Dub-Station und Sandrine hing sich einfach an uns dran. Sie hatte nicht einen Blick in das Programmheft geworfen und trottete planlos und vorliebenfrei hinter uns her. Drei Tage lang. Es war eine Qual! Der Sex in der Rastplatztoilette gab ihr offenbar eine Freikarte, mir das ganze Festival über auf die Nerven zu gehen.

Meine Entschuldigungsversuche nahm sie mürrisch zur Kenntnis, doch anstatt es dabei zu belassen, blieb sie schlecht gelaunt und in meiner Nähe. Obwohl ich das im Nachhinein nicht mehr verstehe, habe ich mir dieses gestörte Verhalten bieten lassen. Sobald ich mit einem anderen Mädchen ins Gespräch kam, tauchte Sandrine auf und ihre grimmige Miene reichte meist, um die neue Bekanntschaft schnell zu vertreiben.

Drei Tage lang trug sie ihr vorwurfsvolles Gesicht zur Schau, dessen Sinn ich nicht verstand, drei Tage verbrachte ich mit vergeblichen Fluchtversuchen, denn obwohl dort Menschenmassen, verschiedenste Bühnen, Lichtungen und Kreuzungen durcheinandergingen, gelang es Sandrine, mich immer wieder irgendwie aufzuspüren. Ich habe mir das Festival durch sie nicht verderben lassen, aber besser gemacht hat ihre Anwesenheit es keineswegs.

Als wir wieder in Berlin ankamen, habe ich mich ganz schnell mit einem Winken in die Runde und einem Sprung aus dem Bus verabschiedet. Endlich war ich den Quälgeist los!

Noch ein halbes Jahr später bekam ich fast wöchentlich eine SMS von Sandrine, wie es mir gehe und ob wir uns nicht noch mal treffen sollten. Nein, danke, wirklich nicht.

MACH MIT MIR, WAS DU WILLST

Florian (29), Kameraassistent, Berlin
über
Audra (30), Galeristin, Berlin

Mein Freund Timo nahm mich eines Abends mit zur Ausstellungseröffnung einer kleinen Galerie. So etwas gibt es in Berlin jeden Abend und man kann meist umsonst trinken. Als wir eintrafen, hielt ein kleiner Mann, dessen Kopf auf seinem dürren Hals nervös hin und her wackelte, gerade eine pathetische Eröffnungsrede.

Es waren interessante Gäste dort, ganz anders als in den ranzigen Clubs, die ich normalerweise besuche. Mindestens zehn Mädchen in hochhackigen Schuhen und ausgefallener Garderobe schubsten sich gegenseitig aus dem Weg, um dem Künstler nahe sein zu können, einem ziegenbärtigen Schönling, der dies unbeeindruckt als Normalmaß an Aufmerksamkeit hinnahm.

Ich stand in einer Ecke, vorgeblich in ein abstraktes Kunstwerk versunken, das ein Eidotter im Universum darzustellen schien, und betrachtete die Mädchen. Innerlich arbeitete es in mir, ich war dabei, meine Zukunftspläne neu zu strukturieren, Künstler wollte ich werden. Da sah ich sie. Eine dunkle Gestalt, die auf der Straße vor der Galerie hastig ein Fahrrad an den Ständer ketten wollte. Sie hatte es offenbar sehr eilig. Als sie das Rad abgeschlossen hatte und loslief, blieb sie am Lenker hängen und riss erst ihr Fahrrad und dann in einer Kettenreaktion den gesamten Fahrradständer zu Boden.

»Verdammt!«, hörte ich sie fluchen. Überstürzt begann sie an den Fahrrädern zu reißen, die ineinander verhakt am Boden lagen. Ich griff Timos Ellenbogen und zog ihn mit mir nach draußen.

»Wir helfen dir«, sagte ich beruhigend zu dem Mädchen und begann sofort damit, die Fahrräder nacheinander wieder aufzustellen.

»Wirklich? Oh, vielen Dank! Ich bin eh schon viel zu spät ...« Ihre Stimme klang heiser und herzerweichend aufgeregt.

»Dann geh ruhig, wir machen das schon!« Ich lächelte sie an. Sie lächelte zurück, ihr Mund war breit und sehr rot. Sie verharrte noch einen Moment unschlüssig und lief dann los, rein in die Galerieräume. Das hatte ich gehofft.

Als wir ihr ein paar Minuten später folgten, nahm sie gerade demütig eine Strafpredigt entgegen. Das dürre Männchen, das die Rede gehalten hatte, hatte sie in eine Ecke gezogen und zischelte mit erhobenem Zeigefinger auf sie ein. Die Galeriegäste schauten neugierig zu den beiden hinüber. Gesprächsfetzen konnte ich entnehmen, dass sie als Galeristin arbeitete und zu spät zu ihrer Vernissage gekommen war.

»Am liebsten würde ich dich sofort rauswerfen!« Das wiederholte das Männchen jetzt schon zum dritten Mal. Das Mädchen schaute schuldbewusst zu Boden und nagte zerknirscht an ihrer roten Unterlippe. Dann brachte sie zu ihrer Entschuldigung hervor: »Ich hab's vergessen! Ist mir gerade erst eingefallen ...«

Wie entwaffnend! Auch das Männchen war offenbar sprachlos und schnappte nach Luft. Sie nutzte den Moment, ließ ihn stehen und mischte sich mit einem strahlenden Lächeln unter die Gäste. Ich beobachtete sie eine Weile, wie sie Small-Talk hielt, Auskunft über die Ausstellungsstücke gab und den Künstler mit verschiedenen Leuten ins Gespräch brachte. Ihre Haare waren dunkel und akkurat geschnitten, ihre Haut sehr weiß. Timo wollte noch zu einer anderen Party gehen, doch ich konnte mich nicht von ihrem

Anblick losreißen. Und das Warten lohnte sich; als sich die Menge langsam auflöste, steuerte sie mit zwei Sektgläsern in der Hand auf mich zu.

»Vielen Dank noch mal für eben.« Ihr Lächeln durchströmte meinen Körper wie eine warme Woge.

»Gar kein Problem!«

»Wenn die Leute endlich abhauen, hab ich frei, gehen wir dann was trinken?«, fragte sie und ich nickte, bemüht, mir meinen Enthusiasmus nicht allzu sehr anmerken zu lassen.

Eine Stunde später saßen wir zu zweit in einer Bar und unterhielten uns. Sie hieß Audra, was ich ein wenig affektiert, aber auch irgendwie passend fand.

Audra nahm mich an diesem Abend mit nach Hause, sie hatte ein WG-Zimmer, nicht weit von ihrer Galerie, an einer lauten Hauptstraße. Einer ihrer Mitbewohner war in Australien, der andere besuchte seine Eltern in Dresden. Die Wohnung war riesengroß, überall standen Leinwände, Kisten und undefinierbares Gerümpel herum. In einem Zimmer, das offenbar als Wohnzimmer diente, lagen unzählige CDs um eine Anlage herum auf den Bodendielen. Ohne Hüllen und sicherlich bis zur Unhörbarkeit zerkratzt, der Anblick tat mir weh. Besitz war den Bewohnern anscheinend nicht allzu wichtig.

Audra stakste zwischen den CDs auf die Anlage zu, drückte »Play« und eine rauchig-süße Frauenstimme erfüllte den Raum. Tatsächlich sprang die CD ab und an, was Audra aber nicht zu stören schien. Wir setzten uns in ihrem Zimmer auf ein Sofa und begannen uns zu küssen. Wir zogen uns aus, Kondome hatte Audra in Reichweite auf den Couchtisch gelegt. Sie war schön, zart und feingliedrig. Obwohl ich sehr erregt war, war ich gleichzeitig auch gehemmt. Ich wollte unbedingt alles richtig machen, ihr gefallen. Schon lange hatte mich kein Mädchen mehr so beeindruckt wie diese kleine Galeristin. Nachdem wir miteinander geschlafen hatten, lagen wir einander erschöpft und glücklich in den Armen und unterhielten uns. Noch immer erfüllte die sphärische Musik den Raum und ich musste mich zusammenreißen, um Audra nicht sofort meine ewige Liebe zu schwören. Zu gern hätte ich sie gefragt, wann wir uns wiedersehen könnten, ob heute noch, morgen oder etwa erst übermorgen, doch ich verbot mir, mir meine Begeisterung zu sehr anmerken zu lassen.

Nach einer Weile küssten wir uns wieder, langsam glitt ihr Körper auf meinen, drückte sich gegen mich und ich schloss erneut die Arme fest um sie. Ich streichelte ihren Rücken entlang, über ihren Po, und wir schliefen ein zweites Mal miteinander. Mittendrin rollte Audra von mir runter, stand auf und legte sich auf den Boden. Sie spreizte die Beine und sah mich herausfordernd an.

»Komm her!« Wie hypnotisiert folgte ich der Aufforderung. Ich beugte mich über sie und sie zog mich auf sich. Audra war jetzt verändert, sie griff nach meinem Rücken, krallte schmerzhaft ihre Fingernägel hinein und bestimmte den Rhythmus, hart und schnell. Dann griff sie nach meiner Hand und legte sie grob auf ihren Mund. Sie stieß kleine Schreie aus, die erstickt klangen, da sie ihre Lippen fest gegen meine Finger presste. Sie wand sich unter mir, als wolle sie sich befreien.

»Halt mich fester!«, sagte sie, und ich folgte ihrer Aufforderung. Ich musste an mich halten, um nicht sofort zu kommen, ihre spitzen Schreie und ihr Körper, der gegen meinen ankämpfte, erregten mich über alle Maßen. Doch dann übertrieb sie es.

»Schlag mich«, keuchte sie. Ich hoffte einen Moment, ich hätte mich verhört.

»Schlag mich«, wiederholte sie eindringlich, als ich der Aufforderung nicht nachkam. Zaghaft hob ich die Hand und versetzte ihr einen leichten Klaps auf die Backe. Zischend sog sie Luft durch ihre zusammengebissenen Zähne und warf den Kopf hin und her.

»Fester! Schlag mich richtig!« Wild wand sie sich in meinem Griff. Ich konnte nicht.

»Ich steh drauf, wenn du mir wehtust! Du kannst mit mir machen, was du willst!«

Ungestüm versuchte sie sich zu befreien, trat und schlug um sich. Um mich zu schützen, griff ich nach ihren Oberarmen und drückte sie fest gegen den Boden. Sie erinnerte mich an das kleine Mädchen aus »Der Exorzist«.

»Pssst! Ganz ruhig«, sagte ich, verharrte still und drückte sie noch fester gegen die Dielen. Sie zappelte. Als ich mich weiterhin nicht rührte, stockte auch Audra und blieb bewegungslos liegen. Dann öffnete sie die Augen und blinzelte mich fragend an. Ich hätte ihr gern erklärt, dass ich nichts in der Welt mehr wünschte, als alles mit ihr zu tun, was ich wollte. Doch Schlagen gehörte einfach nicht dazu. Ich hatte noch nie ein Mädchen geschlagen und konnte mich nicht dazu überwinden, wie gern ich ihr diesen Gefallen auch getan hätte. Doch bevor ich meine Worte strukturieren und zu einer Erklärung ansetzen konnte, war sie aufgesprungen. Geschäftig lief sie durchs Zimmer.

»Hör mal ...«, begann ich, gegen ihren Rücken gerichtet, doch sie verließ mit tänzelnden Schritten den Raum. Einfach so. Erst nach zehn Minuten kam sie wieder und blickte mich überrascht an, als hätte sie meine Anwesenheit auf ihrem Sofa mittlerweile ganz vergessen.

»Hör mal ...«, versuchte ich es erneut, doch sie unterbrach mich, unverbindlich lächelnd.

»Du, ich muss für morgen noch ganz viel vorbereiten ...«, damit drehte sie sich um und verließ wieder das Zimmer. Es war mittlerweile halb vier, ihre Aufforderung war recht eindeutig. Bedrückt suchte ich meine Sachen zusammen, zog mich ganz langsam an, hoffend, dass sie noch einmal zurückkäme, ich mich noch ein Mal würde erklären können. Vielleicht könnten wir ja eine

Lösung finden ... Doch Audra hatte sich im Bad eingeschlossen, ich hörte den Duschstrahl. Offenbar hatte sie beschlossen, dort zu verweilen, bis ich verschwunden war. Unglücklich schlich ich aus der Wohnung.

Ich habe Audras Ausstellung mehrere Male besucht. Meist saß sie hinter einem großen Schreibtisch in der Galerie und war in Gespräche mit potentiellen Kunden verwickelt. Wenn keine Gäste in der Galerie waren, griff sie bei meinem Erscheinen gnadenlos zum Telefon und legte es nicht mehr aus der Hand, bis ich die Räume wieder verlassen hatte.

KEINE BESONDEREN VORKOMMNISSE

Moritz (40), Berufsschullehrer, Hamburg
über
Jasmina (39), Hausfrau, Hamburg

Es waren die achtziger Jahre. Ich hatte die Schule abgeschlossen und noch keine Idee, was ich mit meinem Leben in weiterem Sinne anstellen wollte, also jobbte ich in der Werkstatt meines Vaters. Natürlich brauchte ich das Geld, zudem ging es darum, meinen Vater zu beruhigen. Tat ich das nicht, warf er mich »Nichtsnutz und Tagedieb« alle zwei Wochen aus dem Haus. Er tobte dann mit hochrotem Gesicht vor mir auf und ab, bis ich meine Tasche packte und zu Oma zog. Dort musste ich warten, bis er meiner Mutter erlaubte, »ihn wieder zur Vernunft zu bringen«, dann durfte ich zurückkommen. Beruhigend für meinen Vater war es, mich arbeiten zu sehen, also lief ich mit Putzeimer und Poliertuch in der Hand vor seinem Bürofenster auf und ab, träumte vor mich hin und nahm ab und an einen Ölwechsel vor. Ich hatte mich mit meiner Situation durchaus schnell arrangiert, der Sommer lag vor mir und schon jetzt schimmerte meine Haut braun durch die Löcher meiner ausgewaschenen Jeans.

Bester Laune stand ich an einem Freitagabend im Vorraum der Sparkasse, um Geld für das Wochenende abzuheben. Eine Schlange hatte sich vor den EC-Automaten gebildet. Während ich wartete, betrachtete ich mit geringer Aufmerksamkeit die Leute um mich herum, bis mein Blick auf ein schönes dunkelblondes Mädchen in einem weißen Tenniskleid fiel. Sie hatte sehr gepflegte, akkurat geschnittene Locken mit langem Pony und ausrasiertem Nacken. Ich hatte sie schon mal irgendwo gesehen, im Supermarkt vielleicht, nun stand sie hier, wie eine Erscheinung, sah mich an und wedelte mit einer Plastikkarte vor meinem Gesicht herum.

»Hey, da hinten der Automat ist frei …« Genervt pustete sie eine Ponyfranse aus dem Auge und wies in die Ecke.

»Entschuldigung …« Ich machte einen Schritt auf den Automaten zu, überlegte es mir dann jedoch anders.

»Möchtest du vielleicht vor?«, fragte ich sie, um entwaffnende Freundlichkeit bemüht.« Ich habe es nicht eilig …«

»Warum nicht. Danke.« Sie schob sich an mir vorbei. Fieberhaft überlegte ich. Ich hatte jetzt zwei, höchstens drei Minuten, mir einen brillanten, aufwühlenden Auftakt zu überlegen, der sie in ein Gespräch verwickeln und zum Bleiben animieren würde. Sie zog ihre Karte aus dem Automaten, warf ein erstaunliches Bündel Geldscheine achtlos in ihre Handtasche und wollte an mir vorbeilaufen.

»Äh Moment mal …«, rief ich. »Kennen wir uns nicht?« Nein, nein, nein! Ich Versager. Die Achtzigerjahre waren die Zeit der Sponti-Sprüche, warum war mir nichts Besseres eingefallen? Doch sie blieb trotzdem stehen, musterte mich prüfend und schien zu überlegen, während sich rechts und links ärgerlich tuschelnde Wartende an uns vorbeidrängten.

»Bist du sicher? Wo wohnst du denn?« Sie musterte mich noch immer. Ich straffte die Schultern und spannte instinktiv meine Oberarmmuskeln an. Wieso trug ich eigentlich kein Hemd? Zum Glück hatte ich wenigstens mein Ramones-T-Shirt über das Unterhemd gestreift, bevor ich das Haus verlassen hatte. Ich nannte den Namen meiner Wohngegend. Sie lachte.

»Na, von dort kennen wir uns eher nicht …«

Ich musste noch etwas sagen: »Ich arbeite in der Kfz-Werkstatt meines Vaters, gleich hier um die Ecke.« Ich wies die Straße runter.

»Aha.«

Wir schwiegen einen Moment. Sie war sehr schön und sicherlich würde sie gleich gehen, zum Ballettunterricht oder zum Voltigieren, dennoch nahm ich meinen Mut zusammen, ich hatte ja nichts zu verlieren. »Wie auch immer, ich wollte gerade einen Kaffee trinken gehen. Vielleicht magst du ja mitkommen?«

»Okay«, antwortete sie. Das war verblüffend. So einfach sollte das sein?

»Lass uns doch zu Leo's gehen«, schlug sie vor. »Ich nehme dich mit.« Und mit sportlich gefederten Turnschuhschritten lief sie vor mir her zur Tür. Ich folgte. Ihr weißes Golf-Cabriolet – Sascha Hehn fuhr damals ebenfalls ein solches Modell, doch das ist hier nicht relevant – stand in absolutem Halteverbot direkt vor der Bank. Sie hielt mir lächelnd die Tür auf. Was war nur los mit ihr? Im Auto fiel mir ein, dass ich noch gar kein Geld abgehoben hatte.

»Egal, ich lad dich ein.« Sie fuhr schnell und mit nur einer Hand am Lenkrad. Mit der anderen hielt sie sich das blonde Haar aus dem Gesicht. Schwierig, bei dem Fahrtwind in einem offenen Cabrio. An jeder roten Ampel – und leider nicht nur da – prüfte und richtete sie den Sitz ihrer Frisur. Es war etwas albern, und ich überlegte, ob sie das immer tat, wenn sie unterwegs war, oder nur jetzt wegen meiner Anwesenheit. Letzteres erschien mir leider unwahrscheinlich.

Sie hieß Jasmina. Jasmin wäre doch okay gewesen, aber sie bestand ausdrücklich auf dem »a« am Ende. Bei Leo's, einer Lokalität, in der ich noch nie gewesen war, bestellte sie Kaffee, dann merkwürdig bunte Cocktails, die nach Kaugummi schmeckten und seltsame Namen trugen und die sie orderte, ohne einen Blick in die Karte zu werfen. Wir tranken eine Menge an diesem Nach-mittag, abends noch eine Flasche Sekt auf die Cocktails. Der Tag nahm immer surrealistischere Züge an. Jasmina stellte mir ununterbrochen Fragen, über meine Kindheit, mein Elternhaus, meine ehemalige Schule und meinen Freundeskreis. Ich antwortete mit vom Alkohol beschwingter Bereitwilligkeit, wenn ich mich auch etwas über ihre Neugier wunderte. Ich kam mir ein wenig vor wie der Gegenstand einer empirischen Untersuchung, aber das war irgendwie auch ganz schmeichelhaft.

Anscheinend war sie sehr behütet aufgewachsen und fand reges Gefallen an den schauerlichen Details des alltäglichen Lebens. Um ihr eine Freude zu machen, übertrieb ich, sprach von Wochenendtrips mit Rockerfreunden, wilden Drogenpartys und blutigen Raufereien. Es war sehr unangenehm, dass ich kein Geld dabei hatte, die Preise erschienen mir astronomisch. Doch Jasmina winkte nur ab. Noch immer fragte ich mich, warum sie mich mit hierhergenommen hatte, erst recht, als sie mich unvermittelt fragte, ob ich sie nach Hause begleiten wolle.

»Meinst du, nach Hause bringen?«, fragte ich irritiert.

»Nein, ob du mitkommst …«, sagte sie und lächelte mich offenherzig an.

»Hm …« Unsicher überlegte ich, ob sie sich gerade über mich lustig machte, doch konnte ich in ihrem Gesicht keine Anzeichen dafür entdecken.

»Na ja. Warum nicht?« Natürlich war ich schon mit Mädchen nach Hause gegangen, spontan, nach Partys, sturzbetrunken, mitten in der Nacht, aber nicht so, vor allem besprach man so etwas doch nicht vorher.

Wenig später verließen wir das Lokal, ich fühlte mich seltsam befangen. Es war Abend, und noch immer hell. Jasmina wollte sogar noch Auto fahren, doch ich konnte sie überreden, ein Taxi zu nehmen. Sie nannte dem Fahrer eine Adresse in Pöseldorf. Der

Wagen hielt vor einem großen Haus, das gut zu Jasmina passte. Am Tor tippte sie routiniert einen Code ein, so etwas hatte ich bisher nur im Fernsehen gesehen, und hielt mir die Tür auf. Eingeschüchtert betrat ich den Kiesweg, der sich durch den Vorgarten zur Eingangstür schlängelte. Wir betraten einen dunklen Vorraum, ich sah zahllose Schuhpaare, die dort ordentlich in einem turmhohen Schuhregal standen.

»Jasmina? Komm doch mal her«, erklang eine wohl modulierte Stimme von drinnen.

»Mist. Meine Eltern sind zuhause. Warte mal.« Sie ließ mich in dem dunklen Flur stehen. Ich erkannte die Umrisse einer Vitrine in der Mitte des Raums. Als sich meine Augen an die Dunkelheit gewöhnt hatten, betrachtete ich eine Reihe bizarrer Nippesfiguren, die darin angeordnet waren. Darüber hing eine Reihe von Fotos, Jasmina in cremefarbenem Bikini auf einem Segelboot, Jasmina im Kreis ihrer Familie, vor einer geradezu obszön reich gedeckten Tafel, im Hintergrund ein opulent geschmückter Tannenbaum, Jasmina mit einem schnöselig wirkenden Jungen, der ein Polohemd mit aufgestelltem Kragen trug, eine schier endlose Fotoserie von Familienurlauben vor beeindruckend exotischen, fremdländischen Kulissen.

Ich hoffte, meine neue Freundin würde schnell wiederkommen. Doch die gedämpften Stimmen aus dem Wohnzimmer klangen nicht gerade einträchtig. Nach etwa fünf Minuten, ich überlegte mittlerweile, nach Hause zu gehen, stand sie wieder vor mir. Sie knipste das Licht an, so dass ich plötzlich blinzelnd im hellen Flur stand.

»Tut mir leid, aber meine Eltern bestehen darauf, dich kennenzulernen.«

Entsetzen ergriff mich.

»Keine Angst, sie beißen nicht. Komm schon!«

Unwillig folgte ich Jasmina ins Wohnzimmer.

»Guten Abend, junger Mann. Setzen Sie sich doch zu uns.«
Die elegant gekleideten Eltern, die auf einem rosafarbenen Sofa
saßen, passten ebenfalls zu Jasmina. Ich trat auf sie zu, nannte
meinen Namen und schüttelte ihre Hände. Der Vater deutete auf
einen Sessel und folgsam ließ ich mich auf dem niedrigen Sitzmö-
bel nieder, das eher für Hobbits gemacht zu sein schien. Jasmina
setzte sich mit genervter Miene auf die Armlehne. Nervös blickte
ich mich um. Zimmer und Mobiliar waren ganz in Rosé- und
Cremetönen gehalten, sogar die mehr oder weniger abstrakte
Kunst, die in riesigen Rahmen an den Wänden hing, schien nach
diesen Kriterien ausgesucht zu sein. Das war sicherlich nicht einfach gewesen. Alles war elegant und ordentlich ... bis auf einen
etwa vierzehnjährigen Jungen, der mit einer Atari-Konsole auf
dem Fußboden saß. Fleischfarbene Clearasil-Tupfen zierten sein
feistes rotes Gesicht. Um ihn herum waren Bonbon- und Schoko-
ladenpapiere verstreut, man sah, dass er seine Finger mehrmals
an seinem weißen Lacoste-Shirt abgewischt hatte.

Mein erster Anflug von Sympathie – ein Fremdkörper, wie ich –
verflog, als das Kind mich mit einem fiesen Grinsen bedachte und
mit bösartiger Stimme in den Raum fragte: »Ist das ein Freund
von Richard?«

»Nö, Eduard«, sagte Jasmina cool. »Und das geht dich auch
gar nichts an. Iss doch einfach noch ein Snickers und platz endlich
...« Ich konnte mir ein Grinsen nicht verkneifen.

»Ja, Jasmina«, griff ihre Mutter das Thema auf. »Was macht
eigentlich Richard heute Abend?«

»Mann, Mama!«, Jasmins Stimme war in ein wütendes Fau-
chen übergegangen. »Ich bin 18 Jahre alt und ich kann tun und
lassen, was ich möchte! Sonst zieh ich halt aus!«

Die beiden begannen sich mit mühsam gesenkten Stimmen an-
zugiften, während der Vater hilflos umherblickte. Es klang, als
wäre es nicht das erste Mal. Offensichtlich währte der Familien-

streit, in den ich da geraten war, schon eine ganze Zeit. Wahrscheinlich hatte sie mich nur mitgenommen, um ihre Eltern zu schockieren und würde mich gleich wieder nach Hause schicken. Ich stand auf.

»Ich geh dann mal nach Hause.« Freundlich nickend, wollte ich die gemütliche Runde verlassen. Doch Jasmina lief mir hinterher.

»Moritz, bitte, warte doch.« Sie drehte sich zu ihren Eltern. »Wir gehen jetzt nach oben.« Ihre Stimme klang unerbittlich. Ich hörte noch, wie die Mutter empört nach Luft schnappte, dann schloss Jasmina die Wohnzimmertür und ging auf eine teppichbesetzte Treppe zu.

»Komm, ich zeig dir mein Zimmer.«

»Ich weiß nicht, ob das alles so eine gute Idee ist. Was ziehst du hier eigentlich ab?«

»Lass uns das oben besprechen.«

Kurze Zeit später saßen wir auf ihrem Bett und Jasmina fasste die Situation zusammen. Klar und präzise, das musste ich zugeben. Sie hatte mich tatsächlich mitgenommen, um ihre Eltern zu ärgern, aber auch, um ihrem Freund, der sie betrogen hatte, eins auszuwischen. Langsam wurde ich ein wenig wütend. Sie hatte also mich, Proleten von der Straße, mitgenommen, um ihre Eltern zu schockieren? Wenn ich das vorher gewusst hätte, hätte ich doch eine kleine Performance einlegen können!

»Dann kann ich ja jetzt gehen …« Wieder wollte ich aufstehen, doch statt einer Antwort legte sie die Arme um mich und küsste mich.

»Natürlich gefällst du mir auch …« Sie lächelte. »Komm, wir gehen ins Bett. Ich will ehrlich sein, ich hab bisher nur mit einem Jungen geschlafen. Stell dir mal vor! Das muss ich unbedingt ändern.« Während ich noch überlegte, ob ich dieses Eingeständnis sexy oder neurotisch finden sollte, küsste sie mich wieder und drückte ihren Körper gegen meinen. Wir sanken zurück aufs Bett und begannen uns recht schnell auszuziehen. Jasmina schien es ein wenig eilig zu haben. Sie wirkte neugierig, aber völlig leidenschaftslos.

»Entspann dich«, flüsterte ich und begann sanft ihren Bauch zu streicheln. Dann fuhr ich mit den Händen ihre Oberschenkel entlang. Sie blieb angespannt, zappelte und hatte die Augen geschlossen. Als ich mich an ihrem Bauch nach unten küsste und mit meinen Händen ganz zart über ihre Pussy strich, zog sie an meinen Armen. Sie wollte mich auf sich ziehen.

»Komm lieber her«, flüsterte sie, als ich mich sträubte.

»Ich würde dich aber gern lecken …« Ich hasse es, das sagen zu müssen. Warum stellen sich manche Frauen eigentlich so an? Männer muss man ja auch nicht lange überreden, sich vorher einen blasen zu lassen.

»Ach nein, ich mag das nicht.« Wieder zog sie an mir. Ich gab auf, legte mich neben sie auf den Rücken und wollte sie nun auf mich ziehen. Doch Jasmina weigerte sich.

»Ich bin nicht gern oben«, erklärte sie mir, ganz beiläufig, als wäre das die normalste Sache der Welt. Kurz war ich versucht zu sagen, »ich auch nicht«, nur um ihre Reaktion zu sehen, doch ich verzichtete darauf. Ich streichelte sie noch ein wenig mit den Fingern, schob erst einen, dann zwei Finger in sie hinein, doch auch das nahm sie höchst teilnahmslos auf. Sie hielt die Augen noch immer geschlossen, abwartend, öffnete sie nur ab und an, um mir einen leicht ungeduldigen Blick zuzuwerfen. Also rollte ich mich endlich auf sie und drang in sie ein. Sie keuchte, doch es klang eher erstaunt als erregt.

Ich fickte sie ganz langsam, denn ich hatte seit bestimmt drei Wochen mit keiner Frau mehr geschlafen und wollte nicht sofort kommen, während sie pflichtschuldig meinen Rücken tätschelte und mir uninspiriert in den Po kniff. Ich betrachtete die Poster an der Wand – Madonna mit Spitzenschleifen im toupierten Haar, George Michael mit Ludenmähne –, dabei gingen mir verschiedene Gedanken durch den Kopf. Unter anderem, dass ich noch nie so wenig Spaß mit einer so hübschen Frau gehabt hatte.

Das ist natürlich Unsinn, aber irgendwie rief dieser Gedanke tiefes Bedauern in mir hervor. Nach drei Minuten – ich muss zugeben, dass ich, während ich sie fickte, den Zeiger der poppigen Nachttischuhr im Auge behielt – hielt ich inne und zog meinen Schwanz aus ihr raus, denn trotz Jasminas befremdlicher Teilnahmslosigkeit hatte ich Angst, zu früh zu kommen. Ich wartete kurz und strich währenddessen mit der Schwanzspitze über ihre Pussy. Jasmina öffnete die Augen und schaute mich fragend an. Dann stützte sie einen Ellenbogen auf.

»Anal mach ich aber nicht!«, sagte sie mit Nachdruck.

Meine Güte! Was dachte sie denn, was wir Straßenkinder für Gewohnheiten pflegen?

»Nein, nein. Keine Sorge!« Die restlichen drei Minuten verliefen ohne besondere Vorkommnisse. Als ich ins Gummi gespritzt und mich neben sie gelegt hatte, schmiegte Jasmina sich an mich.

»Das war toll«, sagte sie.

»Ja«, sagte ich. Eine Farce!

Meine Blase, die ich vorher schon gespürt hatte, machte sich nun deutlich bemerkbar.

»Ich geh mal ins Bad.« Als ich die Zimmertür öffnete, erkannte ich eine plumpe Gestalt, die tapsig zurücksprang. Der kleine Bruder hatte durchs Schlüsselloch geschaut. Keineswegs schuldbewusst, sondern herausfordernd sah er zu mir hoch und keifte, so dass seine verweichlichten Hängebacken bebten: »Ich hab alles gesehen!«

Triumphierend sah er mich an. Was wollte er von mir? Mich erpressen? Sollte ich mich etwa sorgen, dass seine zarte Kinderseele nun Schaden genommen hatte? Es war mir egal, was er wollte, nur dieses dummdreiste Grinsen konnte ich nicht länger ertragen. Ich hob die Hand und schlug zu, mitten auf die Hängebacke. Ich hatte nicht fest zugeschlagen, doch der kleine Eduard stieß ein ohrenbetäubendes Gebrüll aus. Zeter und Mordio. Ich drehte mich zu Jasmina um.

»Ich glaub, jetzt muss ich wirklich gehen! Bevor die Polizei kommt.« Zu meiner Erleichterung lächelte sie und sagte: »Ja. Und der Krankenwagen … vielleicht sehen wir uns ja mal wieder? Bei Leo's oder so?«

Ich nickte, wohl wissend, dass wir nicht dieselben Läden besuchten. Dann zog ich mich sehr schnell an, gab Jasmina einen Kuss und lief schnell aus dem Haus, in dem mittlerweile alle Lichter angegangen waren.

HALLO, JUNGER MANN

Ludwig (52), Lehrer, Kassel
über
Loretta, eine Urlaubsbekanntschaft aus Venedig

Ich hatte Glück, bereits wenige Minuten, nachdem ich mich mit hochgerecktem Daumen an die Straße gestellt hatte, blinkte ein roter Mercedes und hielt vor mir am Straßenrand.

Die Fahrerin, eine honigblonde Dame um die vierzig, beugte sich vor, wie um mich genauer in Augenschein zu nehmen, dann lächelte sie mich an. Neben ihr auf dem Beifahrersitz saß ein dunkelblonder Teenager in einem weißen Kleid. Auf der Rückbank erkannte ich ein zweites Mädchen ähnlichen Alters, braunhaarig, aber der Vorderen so ähnlich, dass sie nur Schwestern sein konnten. Auch sie trug ein helles Kleid, die nackten Beine hatte sie gegen den Vordersitz gelehnt. Ihr Blick war auf ein dickes Buch gerichtet, das auf ihren Knien lag. Jetzt blickte sie kurz hoch, um mich mit einem kleinen Lächeln zu begrüßen. Einen Moment lang konnte ich mein Glück kaum fassen, stand mit geöffnetem Mund vor dem Wagen und starrte die Insassen an. Dann gab ich mir einen Ruck.

»Hallo! Sehr nett, dass Sie angehalten haben!«, wandte ich mich an die Fahrerin. »Ich möchte zurück zum Campingplatz. Könnten Sie mich wohl ein Stück mitnehmen?«

»Natürlich, junger Mann, gern! Wir fahren sowieso in diese Richtung. Steigen Sie ein!«

Ich langte nach dem Türgriff. Das Mädchen auf der Rückbank rutschte kaum merklich ein Stück zur Seite. Sie hatte blasse Haut,

Sommersprossen und einen breiten Mund. Schon sah ich mich Seite an Seite, Knie an Knie mit der Dunkelhaarigen über die Serpentinenstraßen brausen. Egal wohin, Bein an Bein mit ihr wäre ich überallhin gefahren. Da erklang die Stimme der Älteren:

»Lara, ab zu deiner Schwester! Lass den jungen Mann mal nach vorne!«

»Nein, nein, bitte, das ist doch nicht nötig …«, wollte ich protestieren, doch die Dunkelblonde hatte bereits die Tür geöffnet und schwang sich nun in einer einzigen trägen Bewegung nach hinten auf die Rückbank. Ich setzte mich nach vorne. Es war heiß im Auto, das T-Shirt klebte an meiner Haut und da, wo es den Sitz berührte, war es sicherlich klatschnass. Ich traute mich nicht, das Fenster weiter runterzukurbeln. Die Hitze schien meinen Mitfahrerinnen nichts anhaben zu können, sie sahen frisch aus, ihre Kleider wirkten gebügelt und rein. Alle drei trugen akkurate Hochsteckfrisuren, von denen nicht ein Haar abzustehen schien. Plötzlich fühlte ich mich schmutzig, verschwitzt und ein wenig unwohl.

Die Frau summte vor sich hin, während ich ihre manikürten Hände betrachtete, die das Lenkrad hielten. Die Fingernägel waren sehr lang und knallrot. Sie erkundigte sich mit melodiöser Stimme nach meinem Alter, danach, was ich im Ort gemacht hätte und ob ich hier im Urlaub sei. Nur mit Mühe konnte ich mich auf die Antworten konzentrieren und den Blick nach vorne gerichtet lassen. Zu gerne hätte ich mich mit den Mädchen auf der Rückbank unterhalten. Doch ich berichtete brav, dass ich einundzwanzig Jahre alt sei, und von meinem Sommerjob als Bademeister, den ich in den Semesterferien angenommen hatte. Meine Tage verbrachte ich auf einem Ausguckturm am Strand, von dem ich aufs Meer blickte, um in Gefahrensituationen zur Stelle zu sein.

»Wissen Sie was, junger Mann, das gefällt mir!«, unterbrach die Dame meine Ausführungen über lebensrettende Maßnahmen in Notfällen. »Ich setze jetzt schnell die Kinder im Hotel ab, dann bring ich Sie zu Ihrem Campingplatz!«

Das brünette »Kind«, vielmehr im Teenageralter, hob den Kopf von ihrer Lektüre und richtete sich auf: »Aber Mama, wir wollten doch zum Markt! Du hast versprochen ...«

»Jetzt sei mal nicht so egoistisch, Annabella!« Scharf schnitt die Mutter ihr das Wort ab.

Das Mädchen stieß geräuschvoll die Luft aus, warf sich in den Sitz und verschränkte die Arme vor der Brust. Die breiten Lippen hatte sie zu einer schmollenden Grimasse verzogen, von der ich kaum meinen Blick wenden konnte. Die Dunkelblonde neben ihr hob die Arme und trommelte mit den Fingern in der Luft herum. Schon vorher hatte ich mich gefragt, was sie da hinter mir tat, mich aber nicht getraut, genauer hinzusehen. Ihre Mutter fing meinen Blick auf.

»Sie übt! Lara hat nächsten Monat ihre Aufnahmeprüfung in der Musikschule. Liszt und Schubert«, erklärte ihre Mutter. »Annabella auch, sie spielt Querflöte. Diesmal haben sie die besten Chancen!« Ein stolzes Besitzerlächeln umspielte ihre roten Lippen.

»Toll!«, sagte ich eingeschüchtert. Wir erreichten die Ortschaft und hielten in einer kleinen Seitenstraße vor einer Pension.

»Husch, husch, Kinder, raus mit euch!« Die Mädchen stiegen aus, und gaben mir artig die Hand.

»Auf Wiedersehen!« Ich wollte mich nicht trennen. »Vielleicht sehen wir uns ja noch mal. Schön wäre das! Kommt doch mal zum Baden an den Campingstrand, da pass ich auf ...« Sie nickten höflich, wandten sich ab und schlenderten davon. Zu zweit fuhren wir weiter, aus dem Dorf hinaus, die kurvige Landstraße entlang. Ich wagte endlich, das Fenster runterzukurbeln. Im Luftzug, auch wenn er lauwarm war, fühlte ich mich schon etwas wohler.

»Loretta heiße ich übrigens. Lara und Annabella sind meine Töchter«, erklärte mir die Dame nun überflüssigerweise. »Hübsche Mädchen, nicht wahr?«

Ich nickte, bemüht beiläufig, und sie begann erneut vor sich hinzusummen. Als wir zehn Minuten später das Eingangstor des Campingplatzes erreichten, auf dem ich meine Semesterferien verbrachte, verabschiedeten wir uns und ich wollte aussteigen.

»Warten Sie einen Moment«, sagte sie und legte mir tatsächlich die Hand aufs Knie. Sofort brach mir wieder der Schweiß aus. »Vielleicht haben Sie Lust, uns morgen Abend zu besuchen? Wir essen bei Gigi, das ist das kleine Restaurant neben unserer Pension. Kommen Sie doch vorbei, so gegen 19 Uhr. Sie sind eingeladen!«

Dann entließ mich Mrs. Robinson, wie ich sie stillschweigend getauft habe, und ich ging mit weichen Knien zu meinem kleinen Bungalow. Hatte ich mich vorher nur für ihre Töchter interessiert, sah ich nun die ganze Nacht Lorettas Gesicht vor mir, träumte von ihren roten Fingernägeln, die über meine Haut kratzten ... Natürlich betrat ich am nächsten Abend Punkt 19 Uhr das Lokal. Ich war schon um 17 Uhr aufgebrochen und hatte mich zum Trampen an die Straße gestellt, um bloß nicht zu spät zu kommen. Loretta, Lara und Annabella saßen an einem großen Tisch im Garten des Restaurants, das für den kleinen Ort überraschend elegant wirkte.

Wie am vorigen Tag trugen alle drei geschmackvolle Kleider in hellen Farben und sahen adrett, gepflegt und vornehm aus. Loretta trank Rotwein, ihre Töchter Apfelschorle. Ich bestellte ein Bier zu meiner Pasta und als ich die Preise auf der Karte sah, war ich herzlich dankbar über die Einladung. Wieder trommelte Lara mit den Fingern in der Luft, wieder lächelten die Mädchen höflich und viel und sagten wenig. Sie sprachen über die nahende Aufnahmeprüfung und ich überlegte, ob ich wohl um eine musikalische Darbietung nach dem Essen bitten könnte. Die drei Frauen schüchterten mich ein.

Ich konzentrierte mich darauf, keine Soße auf mein Hemd zu spritzen. Zu meiner Freude lud mich Loretta nach dem Essen tatsächlich noch »nach oben« ein, allerdings zu einer Partie Scrabble. Die drei bewohnten eine weitläufige, hübsch möblierte Etage in der Pension, vor der wir die Mädchen abgesetzt hatten. Wir setzten uns an einen runden Holztisch, Lara baute das Spiel auf, während Annabella kleine Gläser mit süßem Mirabellenschnaps füllte. Nicht zum ersten Mal fühlte ich mich in eine Szene aus einer amerikanischen Familienserie versetzt. Ich hatte seit bestimmt zehn Jahren kein Scrabble mehr gespielt, eigentlich überhaupt keine Gesellschaftsspiele. Sie erschienen mir intim, man gab viel von sich preis und es war schwierig, eventuelle Defizite und Wissenslücken zu verbergen. Vor allem in der merkwürdigen Konstellation dieses Abends, im Kreis meiner Mitspielerinnen.

»Makrozephal«, legte Annabella waagerecht zu meinem »Haus« und »Ball«. Ich tat, als wäre nichts.

»Ihnen fehlt die Übung! Sie sollten öfter mal eine Partie mit uns spielen«, flötete Loretta, nachdem ich haushoch verloren hatte, und tätschelte tröstend meinen Oberarm. Sie lächelte mich an, ein wenig obszön, wie ich fand. Ich musste immer wieder auf ihren Mund starren. Lorettas Eckzähne waren spitz. Sehr weiß hoben sie sich von dem leuchtenden Rot ihres Lippenstiftes ab und erinnerten an Reißzähne.

»Die Mädchen müssen bald ins Bett. Soll ich Sie nach Hause fahren?« Loretta warf die Haare zurück, eine Geste, die sehr an den amerikanischen Film erinnerte.

»Das wäre nett.« Folgsam verabschiedete ich mich von den Mädchen und stieg hinter Loretta die Treppe runter. Als sie hinter das Steuer stieg, sorgte ich mich ein wenig um ihren Alkoholkonsum, doch gab es keine andere Möglichkeit für mich, nach

Hause zu gelangen. Schweigend fuhren wir die dunkle Straße entlang, und obwohl es noch vor Mitternacht war, kam uns kaum ein Auto entgegen.

»Sie gefallen mir«, sagte meine Fahrerin unvermittelt. Sollte es wirklich so einfach sein? Ich war aufgeregt, augenblicklich pochte mein Herz bis zum Hals. Dann lenkte sie den Wagen auf den Seitenstreifen und hielt an.

»Mein Mann ist viel unterwegs …« Diesmal schien die Szene eher dem Spätprogramm entnommen, denn Loretta beugte sich vor, griff mit ihren gepflegten Fingern nach meinem Kinn und drehte es in ihre Richtung. Sie küsste mich. Ihr Mund schmeckte nach Rotwein, Zigaretten und Pfefferminz. Loretta fingerte an meinem Hemd, löste die oberen Knöpfe und fuhr mit ihren Fingern meinen Hals entlang. Ihre andere Hand legte sich auf meinen Bauch. Ich spürte die Hitze ihrer Hand durch den dünnen Stoff, ihr Parfüm nahm mir fast den Atem.

»Entspann dich!«, hörte ich ihre Stimme dicht an meinem Ohr. Zu gern wäre ich der Aufforderung nachgekommen, bemühte mich, tief durchzuatmen und die Kontrolle zurückzugewinnen. Doch ihre Hand an meinem Bauch war zu präsent – ohne Loretta auch nur berührt zu haben, auch meine Hose war noch geschlossen, krallten sich meine Finger in den Sitz, mein Körper zuckte und ich kam. Ich keuchte und ein feuchter Fleck breitete sich auf der Vorderseite meiner Hose aus. Loretta hielt inne, löste ihre Umarmung und sank in den Sitz zurück. Dann seufzte sie, es klang enttäuscht und ein wenig vorwurfsvoll.

»Zigarette?«, fragte sie, ohne mich anzusehen, steckte sich eine an und legte den ersten Gang ein, um loszufahren. Ich verneinte, wollte noch mehr sagen, mich entschuldigen, vorschlagen, noch einmal von vorne zu beginnen, doch mein Hals war wie zugeschnürt. Schweigend fuhren wir ein Stück. Als die Lichter des Campingplatzes vor uns auftauchten, hatte ich endlich genug

Mut gesammelt: »Vielleicht kann ich Sie in den nächsten Tagen einmal besuchen?«

»Ich glaube kaum. Morgen kommt mein Mann. Er verbringt den Rest des Urlaubs mit uns.« Lorettas Stimme klang abweisend. »Was ist denn noch?«, fragte sie, als ich nicht gleich aus dem Auto steigen wollte. Ich hätte gerne noch etwas gesagt, irgendetwas, um die grässliche Situation zu ändern. Ich wusste in diesem Moment, dass ich mir diese Nacht bis in alle Ewigkeit vorwerfen würde. Und ich sollte Recht behalten. Diese Nacht liegt nun mehr als dreißig Jahre zurück, damals hatte ich schon ein paar Erfahrungen mit Frauen gesammelt, doch keinesfalls mit älteren, attraktiven Frauen wie Loretta. Im Nachhinein bin ich diese Szene immer wieder durchgegangen, unzählige Nächte habe ich wach gelegen und mir vorgestellt, was ich alles tun würde, wenn ich noch mal in dieser Situation wäre. Doch damals war ich hoffnungslos überfordert.

Loretta scheuchte mich gnadenlos mit einer wedelnden Handbewegung aus dem Wagen. Geknickt und mit feuchter Hose schlich ich zu meinem Bungalow. Ich hatte versagt.

Am nächsten Tag, so wie am übernächsten und allen folgenden Tagen dieses Sommers, hielt ich am Strand Ausschau nach drei adretten, wohl frisierten Gestalten in heller Badekleidung, doch vergeblich, ich sah sie nie wieder.

EIN PERFEKTES VERHÄLTNIS

Claudius (34), Architekt, Frankfurt
über
Maria (32), Grundschullehrerin, Frankfurt

Maria und ich kannten uns aus der Schule und von Fabian, ihrem Bruder und meinem Freund. Wir verstanden uns von Anfang an ausgezeichnet. Nur ein Jahr jünger als wir, hing sie oft mit uns in den Probenräumen der Schülerbands herum. Einige von uns feilten hier nachmittags am Musikertraum und abends konnten wir ungestört feiern und die Einrichtung demolieren. Ich spielte Bass, Sven Gitarre und Gesang, Erik Schlagzeug und Maria und ihre Freundinnen waren unsere ersten Groupies.

Maria zu knutschen gehörte mit 15 ebenso zur Freizeitgestaltung wie Bier kaufen an der Tankstelle. Größtenteils ohne Eifersucht entdeckte unsere Clique in verschiedenen Konstellationen, worum es eigentlich ging. Als es dann ernst wurde, suchten wir unsere ersten großen Lieben aber dann in anderen Freundeskreisen, die Kindheit musste begraben werden. Meine erste wirkliche Freundin hieß Nina und mit ihr verlagerten sich meine Prioritäten von der Rockmusikerkarriere zu möglichst häufigem Sex an möglichst ausgefallenen Orten in möglichst ausgefallenen Positionen.

Das ging eine ganze Zeit gut, Nina wollte mir unbedingt gefallen und war für alles zu haben. Aber in diesem Alter sind Grenzerfahrungen leider sehr reizvoll und ich begann, meine Dominanz auszunutzen. Es tut mir noch heute furchtbar leid, Nina wollte nur alles richtig machen und gerade das langweilte mich jeden

Tag mehr. Ich liebte Nina, mir war nicht nach einer neuen Liebe, mir war nach neuem Sex. Doch für einen langfristig geplanten Betrug fehlte mir damals die Kaltblütigkeit.

Dass meine Sandkastenfreundin Maria dafür genau die Richtige war, zeigte sich bei meiner Abiturfeier. An diesem Abend registrierte ich betrunken, dass Maria sich verändert hatte. Vor allem hatte sie jetzt ziemlich große Brüste, ihr kleiner Körper wirkte fest und rund, ein wenig drall vielleicht, aber das stand ihr ausgezeichnet. Sie wirkte nicht so grazil und apart wie Nina, aber dafür sehr sinnlich und körperlich. Mit anderen Worten, Maria kam meiner Phantasie von der ganz anderen Frau sehr nahe und kennen lernen musste ich sie auch nicht mehr.

Es wurde der beste Sex meiner kurzen Karriere: Als alte Freunde brauchten wir keine langen Entschuldigungen, um nach der Party noch ein wenig mit der alten Clique bei Maria zu Hause einzufallen und den Kühlschrank zu plündern. Nina feierte mit Leuten aus ihrer Schule, sie kam an diesem Abend in meinem Denken gar nicht vor. Maria wusste die ganze Zeit, was ich wollte und wir fanden in ihrem riesigen Elternhaus schnell ein freies Zimmer mit Doppelbett.

Maria fickte sehr ruhig und langsam, was das Ganze endlos machte und viel Raum für meine Betrachtungen und Erkundungen ließ. Wir küssten uns kaum, ich hielt mich in möglichst großer Distanz zu ihrem Körper, um mir jede Einzelheit einzuprägen. Eine Zeit lang ritt sie träge auf mir, man hörte nur unseren Atem und das schmatzende Geräusch, wenn ich eindrang. Es gab keine Leidenschaft zwischen uns, aber genau das machte diese Nacht so erinnerungsträchtig.

Ich meine, je wilder der Sex, desto weniger erinnert man sich doch an die Details. Immer wenn es wirklich abgeht, kann ich mich nicht mehr entsinnen, wie es sich anfühlte. Ich weiß zwar noch, wo es passierte und meinetwegen auch in welcher Stellung, aber alles andere verschwimmt vor meinen Augen. Leidenschaft macht blind und ich wollte sehen.

Wir fickten bestimmt zwei Stunden. Zwischendurch hörten wir kurz auf, Maria holte Wasser, ich zog die Vorhänge zu und verlängerte die Nacht. Danach machten wir wie selbstverständlich weiter. Obwohl wir uns bislang nie nackt gesehen hatten, gab es kein Schamgefühl, völlig unaufgeregt spielten wir unser Spiel.

»Ich komme jetzt«, seufzte Maria schließlich, als ich gerade mit langen Strichen über ihre Klitoris leckte und meinen Daumen in ihren Hintern drückte. Sie zuckte mehrmals und entspannte sich. Ich setzte mich auf und steckte meinen Schwanz wieder rein. Mit angezogenen Beinen und geschlossenen Augen lag sie da, während ich meinen Schwanz betrachtete, der in ihrer Möse verschwand. Ohne das Tempo zu ändern, kam ich und spritzte in sie.

»Wollen wir uns jetzt öfter treffen? Das war toll«, sagte Maria, als wir nebeneinander lagen und verklärt die Decke anstarrten.

»Ja, das war es und ja, das sollten wir«, war meine Antwort. Und seitdem ist es immer wieder so gekommen. Maria war das perfekte Verhältnis. Meine Freundinnen kamen und gingen, aber Maria blieb. Bei ihr verhielt es sich ähnlich. Ihre Freunde und unsere Beziehung hatten nichts miteinander zu tun. Wir trafen uns, während wir Partner hatten und wir trafen uns, wenn wir gerade mal keinen Partner hatten. Mal zur Abwechslung, mal zum Trost und am meisten aus Langeweile. Maria war wie eine Sucht, sie wollte keine Versprechen, keine Macht, sondern einfach nur ficken. Wir hatten uns oft nicht viel zu sagen, unsere Gespräche ähnelten unbedarftem Smalltalk. Mit der Zeit fanden wir immer weniger Worte. Wir beide wollten nicht mehr voneinander, deshalb musste auch niemand mehr darüber wissen.

Das Problem mit Sucht ist nur, dass man auch dabei bleibt, wenn der Reiz des Neuen verflogen ist. Alles wiederholte sich, nutzte sich ab, ohne dass eine Entwicklung stattfand. Maria wurde in den kommenden Jahren immer wieder mein Ersatz nach gescheiterten Beziehungen, meine Abwechslung, wenn sich gerade sonst nichts ergab.

Und irgendwann konnte ich nach dem Sex gar nicht mehr schnell genug von ihr wegkommen. Ihre Nähe war mir dann unerträglich. Ich täuschte sogar einmal plötzliche Migräne vor, um nicht länger neben ihr liegen zu müssen. Dennoch rief ich sie an, wenn mir nach Sex war. Es wurde immer absurder; vor unseren Treffen malte ich mir erotische Orgien aus und danach fiel ich in tiefe Sinnkrisen.

Maria erwies sich als die bessere Egoistin; als meine Motivation und Kreativität im Bett wegen meiner Gefühlsschwankungen immer mehr nachließen, verlor auch ich meinen Wert für sie. Unsere Trennung verlief genauso unaufgeregt wie unsere Beziehung. Irgendwie mussten wir uns doch nahe gestanden haben, denn letztendlich wussten wir beide intuitiv, dass wir ohne einander besser klarkommen würden.

Heute treffe ich Maria manchmal, wenn ich meine Heimatstadt besuche. Sie sieht jetzt sehr mütterlich aus und arbeitet als Grundschullehrerin. Ich mag sie immer noch, aber in meinen Phantasien taucht sie nicht mehr auf.

KOMM MAL MIT!

Roman (30), Praktikant, Baden-Baden
über
Perla (26), Schmuckverkäuferin, La Paz

Bei schlechtem Sex fällt mir sogleich körperliches Versagen meinerseits ein. Oder das schreckliche Aussehen und Gehabe, das Mädchen manchmal an den Tag legen können. Doch das würde zu einer langweiligen und unerfreulichen Erzählung führen.

Wenn ich ehrlich bin, lagen die diversen Ausfallerscheinungen in Sachen Bett und Sex eher bei mir als bei meinen Partnerinnen. Doch um mich nicht zu blamieren, werde ich jetzt keine Geschichte dieser Art zum Besten zu geben, sondern eine, die ich letztes Jahr erlebt habe.

Ich war als Praktikant nach Bolivien gereist. Das klingt erst mal gut, aber ehrlich gesagt hatte ich bei meinem Praktikum herzlich wenig zu tun. Dafür hatte ich Zeit, in La Paz, der Hauptstadt, herumzustöbern und einige ausgedehnte Trips durch das Land zu unternehmen. Nebenbei und für das gute Gewissen habe ich natürlich auch etwas Spanisch gelernt. Ich kam gerade von meinem Unterricht, als mich ein Mädchen auf der Straße ansprach. Sie wollte mir selbst gemachten Schmuck verkaufen und ließ einfach nicht locker.

Obwohl ich herzlich wenig Bedarf an Ohrringen und Halsketten hatte, kamen wir so langsam ins Gespräch. Ich überwand meine anfängliche Zurückhaltung, denn sie gefiel mir und ich lud sie zu einem Kaffee ein. Ihr Name war Perla. Kein Scherz. Und was für eine Perle sie war! Klein, schlank, mit braun gebranntem

Körper, wunderschönen großen Augen und einem verschmitzten Lächeln im Gesicht.

Perla erzählte, dass sie ursprünglich aus Brasilien komme und seit einiger Zeit quer durch Südamerika reise, um ihren Schmuck zu verkaufen und die Zeit und die Menschen, denen sie begegne, zu genießen. Sie lachte viel, wirkte sorglos und lebensfroh. Ich freute mich, sie kennen zu lernen, denn es machte Spaß, sich mit ihr zu unterhalten. Zumal die meisten Mädchen, die mir bei meinem Praktikum bisher vorgestellt worden waren, streng religiös waren und Schnurrbart trugen.

Nach dem illustren Kaffeekränzchen fragte Perla mich, ob wir einen Freund von ihr treffen und ein Tütchen mit ihm rauchen wollten. Das klang doch sehr gut, eine schöne Frau, ein heißer Tag und angesichts der Tatsache, dass ich bisher weitgehend abstinent in Bolivien gelebt hatte, stimmte ich freudig zu. Ihr Freund war ein netter, recht durchgeknallter Mittvierziger, der in seinem Leben wohl schon so einige Joints genossen hatte. Ein wahrer Hippie, freundlich und gelassen. Er trug eine Gitarre unterm Arm und sprach oder nuschelte unablässig in einer Kombination aus Spanisch und Portugiesisch vor sich hin.

Ich verstand so gut wie kein Wort, ein Umstand, der ihn überhaupt nicht zu stören schien. Er murmelte fröhlich weiter, ohne eine Antwort zu erwarten. Ich fand schnell heraus, dass sich sein gutturales Gemurmel immer nur um ein Thema drehte: Santana. Anscheinend sein großes Vorbild, irgendwie schien er an ihm hängen geblieben zu sein. Nach dem Tütchen zogen wir durch einige Bars. Perla lief händchenhaltend neben mir her, von der anderen Seite brabbelte mir ihr Freund weitgehend unverständliche Anekdoten über Santana ins Ohr. Ich hatte mich seit langem nicht mehr so wohl gefühlt!

Wir kehrten schließlich ziemlich angeheitert in einem bolivianischen Heavy Metal Club ein. So etwas gibt es wirklich, nicht etwa nur dröge Panflöten, die zu langweiliger Folklore-Musik spielen. Eine Live Band stimmte gerade die ersten Töne ihres Programms an, als ich Perla das erste Mal küsste. Na ja, ehrlich gesagt, küsste sie mich, aber wer ist schon an solchen Kleinigkeiten interessiert? Wir wurden sehr schnell sehr gierig und kümmerten uns immer weniger um die Leute um uns rum, die uns interessiert beobachteten.

Bis uns Perlas Freund riet, doch bitte endlich das Weite zu suchen, bevor jemand ernsthaft Anstoß an unserem wilden Treiben nehmen würde. Bolivien ist schließlich streng katholisch. Vor der Tür des kleinen Clubs stellte sich uns das Problem, wohin wir gehen sollten. Zu mir zu fahren war ganz ausgeschlossen, da ich bei einer älteren Lehrerin zur Untermiete wohnte und ich beim besten Willen nicht um drei Uhr nachts betrunken und mit einem fremden Mädchen im Arm bei ihr auftauchen konnte, bereit zu diversen Kopulationsspielchen. Dies hätte unweigerlich meinen sofortigen Auszug bedeutet. Und zwar nicht erst am nächsten Morgen, was eine Überlegung wert gewesen wäre.

Zu Perla konnten wir auch nicht, da sie ihr Zimmer mit drei anderen Mädchen teilte. Was jetzt? Ein Hotel musste her, doch versuch mal um drei Uhr nachts ein Hotelzimmer in Bolivien zu bekommen. Ich weiß nicht, ob da die katholische Mentalität hineinspielt, aber wir klingelten ungefähr fünf Hotelangestellte aus den Betten, doch niemand war bereit, uns Unterschlupf zu gewähren. Beim sechsten, dem teuersten und unwirtlichsten der Drei- bis Vier-Sterne-Hotels der Stadt, hatten wir endlich Glück und bekamen gnädigerweise ein Zimmer, sogar mit Bad. Kaum zur Tür hereingekommen, fielen wir übereinander her, wir küssten uns wild und Perla langte in meine Hosen und fing an, meinen Schwanz zu massieren.

Gierig zog ich sie aus. Sie hatte schöne Brüste, nicht zu groß und nicht zu klein, ihre Haut war glatt und zart. Ich wollte sie sofort. Alles! Doch auf einmal schoss mir ein Gedanke in den Kopf, den ich den ganzen Tag meisterlich verdrängt hatte: Morgen oder besser gesagt heute Nachmittag war das Hochzeitsfest meines Chefs. Meine Anwesenheit dort war dringend erforderlich. Verdammt, wie hatte ich das nur vergessen können? Dieser plötzliche klare Moment ging allerdings genauso schnell vorüber, wie er gekommen war. Ich dachte mir, dass ich einfach nur meinen Wecker stellen müsse und der Rest klappte schon von selbst. Auch Perla war nicht allzu besorgt, als ich ihr von meinem anstehenden Termin erzählte, der ja noch, Gott sei Dank, etliche Stunden in der Zukunft lag. Also richtete ich meine Aufmerksamkeit wieder voll und ganz auf die brasilianische Schönheit, die angefangen hatte, meinen Schwanz in ihren Mund zu nehmen.

»Mach mich zu deiner Hure«, flüsterte sie in mein Ohr, als ich in sie eindrang. Das ließ ich mir nicht zweimal sagen. Die Nacht, der Morgen waren bestimmt durch leidenschaftlichen Sex, kurz unterbrochen durch die eine oder andere Tüte und einige Schlucke Wasser, wenn unsere Münder einfach keine Spucke mehr produzieren konnten. Es war eine wunderschöne Nacht, der Sex dauerte stundenlang. OK, ehrlich gesagt habe ich keinen blassen Schimmer, wie lange wir Sex hatten, aber es kam mir extrem lange und ausgiebig vor. Irgendwann, die Sonnenstrahlen drangen schon lange durch die Vorhänge ins Zimmer, fielen wir in wohlverdienten Schlaf. Ich wachte ein oder zwei Stunden später auf, der Wecker hatte noch gar nicht geklingelt, doch Perla stand angezogen im Zimmer. Erschreckt schaute sie mich an, als ich den Kopf aufstützte und die Hand nach ihr ausstreckte.

»Was machst du, Süße? Komm zu mir.« Verschlafen zog ich sie zurück aufs Bett, küsste und umarmte sie. Doch sie entwand sich.

»Willst du nicht erst mal duschen?«, fragte sie mich schüchtern. Folgsam stand ich auf und lief schwankend ins Bad. Die ersten

Tropfen waren wunderbar erfrischend, ich nahm eine ausgiebige Dusche, bevor ich vorfreudig zurück ins Zimmer kam. Die Zimmertür stand offen, von Perla weit und breit keine Spur. Ich begriff nicht sofort, schaute kurz auf dem Flur nach, wo sie denn sei, aber immer noch keine Spur von ihr. Da sah ich meine Tasche geöffnet auf dem Bett liegen.

Das darf nicht wahr sein, flehte ich innerlich. Das darf einfach nicht wahr sein. Die kleine, wunderschöne Brasilianerin hatte mir mein ganzes Geld gestohlen und sich einfach so davongemacht. Mich bestohlen, ausgeraubt, benutzt und ausgeplündert. Und das nach einer solchen Nacht! Übelkeit und Enttäuschung stiegen in mir hoch. Nicht einmal das Kleingeld war zurückgeblieben, Perla hatte sogar meine Kreditkarte mitgenommen. Ich zog mich niedergeschlagen an und ging gesenkten Hauptes nach unten. Zum Glück hatte ich das Zimmer im Voraus bezahlt.

Ein sonniger, heißer Tag. Da die Zeit drängte, musste ich ein Taxi nehmen, das mich direkt zu der Hochzeit brachte. Dort bat ich meinen Chef, mich auszulösen und mir Geld zu borgen, bis ich mich um eine neue Karte bemüht hätte. Auf dem Fest erwarteten mich jede Menge gut gelaunter, ausgeschlafener Leute, die nur darauf warteten, mit mir auf diesen wunderschönen Morgen und die Liebe anzustoßen.

TILL THE SUNRISE

Nikolas (28), Werbekaufmann, Berlin
über
zwei Französinnen (25, 26)

Es gibt ein weit verbreitetes Klischee, das ich durchaus bestätigen kann: Backpackerinnen sind meist nicht besonders erotisch. Natürlich haben mein Mitbewohner und ich auf unseren Reisen durch Asien viele interessante, exotische, intelligente und lustige Menschen kennengelernt. Mit einigen haben wir Überirdisches erlebt, sind unterirdisch abgestürzt, in weitere Länder geflogen oder nächtelang verwunschenen Pfaden gefolgt. Doch die erotischen Abenteuer, die wir mit Backpackerinnen erlebt haben, lassen sich an einer Hand abzählen. Meist sind die »Abenteuer« mit der Damenwelt in Gore-Tex-Sandalen auf diesen Reisen eher von belangloser Art. Ein einprägsameres Erlebnis hatte ich in den molochartigen Schluchten von Kuala Lumpur.

Sönke und ich waren inzwischen seit knapp anderthalb Monaten unterwegs. Wir waren von Bangkok aus immer weiter südlich gereist und nun zum ersten Mal wieder in einer Großstadt. Kuala Lumpur ist die größte Stadt Malaysias, laut, angriffslustig und von einer ewigen Smogwolke verhangen. Da wir inzwischen fast all unser mitgebrachtes Geld sowie das auf den Konten in der Heimat ausgegeben hatten, mussten wir den weiteren Verlauf unserer Route überdenken und umdisponieren. Wir kamen nach kurzer Diskussion zu dem Schluss, uns eine knappe Woche im Primärurwald von Zentral-Malaysia umherzutreiben. Unsere Rechnung war simpel und einleuchtend: Wo man kein Geld ausgeben kann, tut man es auch nicht!

Also besorgten wir alles Nötige, was wir für unsere »Grenzerfahrung Dschungel« brauchten. Am Abend vor unserer Abreise tingelten Sönke und ich mit fünf Französinnen, die wir in unserer Unterkunft kennengelernt hatten, durch die Bars der Stadt. Wir wollten ein letztes Mal vor unserem großen Auszug die Freuden von kühlem Bier und schmachtenden Mädchenaugen genießen. Ich muss gestehen, dass die Gruppe von Französinnen nicht dem entsprach, was sich wohl die meisten Leser bei dem Wort »Französinnen« vorstellen. Sie waren nicht zierlich, wohlgefällig und von zurückhaltender Eleganz, eher im Gegenteil. Unsere Französinnen waren groß, kräftig, burschikos und laut, dafür aber umgänglich und lustig. Man konnte mit ihnen Spaß haben – obwohl sie eindeutig zu viel rülpsten –, doch weder Sönke noch ich dachten trotz unseres Alkoholkonsums daran, mit einer von ihnen die Nacht zu verbringen.

Wir spielten in Billard-Salons, tranken uns durch mehrere Bars, torkelten über den »Chinese Night Market« und wurden trotz der horrenden Alkoholpreise in Malaysia immer betrunkener. Sönke und ich verstanden uns besonders mit zweien aus der Gruppe, die für Französinnen ungewöhnlich gut Englisch sprachen, sich für keinen Streich zu schade waren und bei unserem Trinkmarathon beeindruckend mithielten. Ich glaube, sie tranken sogar mehr als wir. Als ihre Freundinnen nach und nach abfielen, blieben wir vier übrig. Ich kann mich nicht mehr an ihre Namen erinnern. Wahrscheinlich hat mein Unterbewusstsein dafür gesorgt, dass ich die beiden Namen irgendwo ganz tief vergraben habe.

Im Laufe des Abends, während wir eine Flasche nach der anderen leerten, ertappten Sönke und ich uns ab und an gegenseitig, wie wir uns die Mädchen schönreden wollten. Wir verstanden uns ja auch ausgesprochen gut mit ihnen, doch auf eine kumpelhafte Art. Und da beide ziemliche Mannweiber waren und alles andere als potentielle Bettgespielinnen, reichte der Alkohol selbst in diesen Mengen nicht aus, Avancen zu versuchen. Es half auch nichts, dass die beiden immer betrunkener wurden und anfingen, in französischem Gossenslang herumzupöbeln.

Irgendwann in der späten Nacht fanden wir keine Bar mehr, die mit unserem Geldbeutel und unserem Pegel zu vereinbaren gewesen wäre. Also kauften wir im nächsten Seven-Eleven einen letzten Nachschlag. Da wir ja in derselben Unterkunft siedelten und wir uns mit dem Haus-Sheriff gut gestellt hatten, ließen wir uns im Zimmer der beiden zu einem Absacker nieder. Nochmals möchte ich betonen, dass keinerlei Hintergedanken gehegt wurden, auch die Mädchen hatten keinerlei Andeutungen gemacht. Wir lachten und alberten herum, das war alles. Auch nicht, als wir uns in dem kleinen Zimmer, welches zwei Betten beherbergte, auf ebendiesen niederließen.

Die Hostels in Kuala Lumpur sind weniger paradiesisch als die thailändischen oder wie es die an den Küsten Asiens mit etwas Glück sind. Die Unterkünfte hier sind karg, winzig, besitzen meist keine Fenster und wenn, grenzt die nächste Bleibe gern direkt an das Fensterbrett. Das Personal ist launisch, man muss gut auf seine Sachen aufpassen und Ruhe hat man in dieser Stadt niemals. Trotzdem war es irgendwie gemütlich mit den beiden. Wir hatten uns zu viert auf den aneinandergeschobenen Betten verteilt, wir tranken und konnten bei der funzeligen Beleuchtung kaum die Hand vor Augen sehen.

Die beiden Französinnen kicherten sich von einem Witz zum nächsten und bald fielen mir die Augen zu. Auch Sönke hatte wohl beschlossen, nicht mehr hoch in unser Stockwerk zu gehen, sondern einfach einzuschlafen. Nach und nach verstummten unsere Albernheiten und wir versuchten vom Rausch in den Schlaf zu finden.

Zugegeben, trotz meiner Müdigkeit ließ mich der Gedanke nicht ganz los, dass hier ja doch ein Mädchen eng an mich gedrückt mit im Bett lag und man mit Mädchen ja eigentlich enorm viel Spaß haben konnte … doch immer wenn sich eine der Französinnen bewegte und den beiden Betten ein circa zwanzigsekündiges Nachbeben schenkte, versuchte ich schnell wieder zu schlafen.

Doch plötzlich wurde meine Vernunft durch Neugier ersetzt. Hatte ich da gerade ein kurzes Schmatzen vernommen? Schlagartig war ich wach. Hah, da war es schon wieder. Ein kurzes genüssliches Schmatzen. Komisch. So tief konnte doch in der kurzen Zeit keine der beiden eingeschlafen sein? Sönke war von vornherein ausgeschlossen. Da ich mit ihm jetzt schon viele Meilen gereist war und in vielen Unterkünften genächtigt hatte, wusste ich eines sicher: Sönke schnarchte kaum, schmatzte nie, er mahlte mit den Kiefern. Ein an mittelalterliche Folter gemahnendes Geräusch, das einem durch Mark und Bein fährt. Das hier war ein anderes Geräusch. Vertraut irgendwie. Doch da ich es dennoch nicht einzuordnen wusste, war ich mir erst nicht sicher, ob es direkt aus unserem Zimmer kam. Als sich das eine der beiden Mädchen leicht knurrend bewegte und etwas näher an mich heranrückte, wurde es mir plötzlich glasklar! Dieses Geräusch war dem von zwei sich aufeinander pressenden Lippenpaaren verflucht ähnlich.

»Sönke, die Sau!«, dachte ich nur, »… der ist sich ja nun wirklich für gar nichts zu schade!« Doch irgendwie schwang auch Neid mit. Er hatte sich ja wohl entschieden, und ich lag untätig herum. Was hatte ich denn zu verlieren? War es nicht immer besser, Erfahrungen zu sammeln? Und sooo hässlich waren die ja auch nicht, zumindest die eine von den beiden. Doch welche lag jetzt grad rechts neben mir? Sehen konnte ich noch immer nichts und konnte daher auch meinen Verdacht nicht bestätigen, dass zu dem Schmatzen jetzt auch noch ganz leise Reibegeräusche hinzugekommen waren. Trotzdem bewegte sich das Bett so gut wie keinen Millimeter. Wahrscheinlich war Sönke äußerst vorsichtig, da er bestimmt nicht wollte, dass ich etwas mitbekam. Wäre ja auch ein Kalauer für die nächsten Treffen mit den Jungs in der Heimat gewesen, dem er sich bestimmt nicht aussetzen wollte. Inzwischen versuchte ich mir die beiden Mädels noch mal vor meinem Geiste genauer anzusehen. Knackig braun waren sie ja gewesen und ein schönes Lachen, bei welchem die Brüste gewackelt hatten ... oder doch die ganze Frau?! Sie hatten ziemlich unförmige schlamm-farbene Pullover angehabt und ausgeleierte Trainingshosen, das wusste ich noch. Aber verflucht, ich konnte mich irgendwie kaum an das Aussehen der beiden erinnern!

Da war er wieder, dieser Schmatzlaut, der mich bald zum Wahnsinn trieb. Und ... ach, wenn Sönke das kann, kann ich das schon lange! Immerhin sitzt er ja mit im Boot, hatte sogar damit angefangen. Das war ein beruhigender Gedanke. Ich begann, sanft über den Schenkel der Französin rechts von mir zu streichen ... ich glaube, es war der Schenkel.

Sofort zeigte sich Regung, ihre Hand glitt über meine und streichelte weiter hoch an meiner Brust entlang. Ich versuchte, mich leicht zu ihr zu drehen, wobei das Bett zu wackeln begann. Wie kriegte das Sönke auf der anderen Seite nur hin, dass sich diese Scheißmatratze kaum bewegte? Doch das war mir jetzt mehr und mehr egal, ich ließ mich fallen. Lippen fanden sich, Haare wurde durchkrault und ich arbeitete mich langsam an ihren Hosenschlaufen entlang. Sie wiederum war ziemlich schnell dabei, mir die Shorts abzustreifen. Erneut wackelte das Bett, die Metallfüße schlugen klirrend auf den Steinboden. Da geschah etwas Unerwartetes, das mich nahezu paralysierte: Sönke stand auf, streckte sich und knurrte verschlafen: »Uhua, ich geh hoch in unser Zimmer, ich kann hier irgendwie nicht einschlafen! ... Bye Girls, man sieht sich!«

Ich brachte vor Schreck keinen Ton raus und versuchte kurz die Zunge der Französin aus meinem Mund zu lösen, doch diese hielt mich fest umklammert. Sönke war innerhalb weniger Sekunden aus dem Zimmer verschwunden. Ich war allein. Als ich versuchte, meine Hand unter ihr hervorzuziehen, hinderte mich ihr enormes Körpergewicht. Sie war wirklich sehr, sehr groß. Größer als ich. Verdammt, ich hatte die größere von den beiden erwischt. Auf einmal hörte ich ein kehliges Kichern hinter mir. Ich spürte, wie die zweite von hinten an mich heranrückte und mir etwas ins Ohr zischelte, was ich kaum verstand … irgendetwas mit »… till the sunrise!«.

Oh Gott, das waren noch gut vier oder fünf Stunden! Eine raue Hand legte sich auf meinen Rücken, eine zweite Hand fasste mit festem Griff in meine Haare. Bei der vor mir Liegenden konnte ich nicht sagen, ob sie seitlich oder mit dem Rücken mir zu gewandt war. Ich hatte das Gefühl, dass das Fleisch um mich immer mehr wurde, doch konnte ich mich weiterhin aus meinem Schockzustand nicht lösen, geschweige denn mich wehren. Irgendwie war aus den beiden jetzt eine geworden oder besser gesagt eins und ich hörte von links, oben, rechts und unten schweres Atmen. Mittlerweile fühlte ich mich gar nicht mehr wohl. Mein Rausch war komplett verflogen und ich roch die Alkoholfahnen der Französinnen, dazu den Schweiß von uns dreien, kombiniert mit dem Muff der Matratze, welche jetzt die olfaktorischen Feinheiten der letzten hundert Backpacker freizusetzen schien. Was für eine Kombination. Ich fürchtete kurz, mich übergeben zu müssen.

»Komm schon«, riss ich mich zusammen, »manche Männer warten ein Leben lang auf so eine Gelegenheit und du stellst dich an! Hab Spaß, scheiß drauf und genieß die ménage à trois.«

Doch ich konnte nicht. Mit einem plötzlichen Aufbäumen all meiner Kraft, als ob es gelte, sich aus der Gewalt eines sagenumwobenen Monsters mit gewaltigen Fangarmen zu befreien, sprang ich auf und hörte mich eine Art Urschrei ausstoßen. Dabei stieß ich eine der beiden Französinnen versehentlich vom Bett. Sie landete auf allen vieren, doch eher wie ein Bär als eine Katze. Mit einem Satz sprang sie ins Bett zurück. Ich suchte hektisch meine Shorts, während ich eine Entschuldigung stammelte, die mit Übelkeit, Alkohol und Müdigkeit zu tun hatte. Beide Französinnen, die ich nunmehr schattenhaft auf dem Bett wahrnehmen konnte, drehten und wanden sich auf der Matratze, wobei sie flüsternd und hauchend Gründe und Bitten für mein Bleiben ausstießen. Wieder kam mir das Monster aus der griechischen Sage in den Sinn, ich war mir sicher, es jetzt schemenhaft vor mir zu sehen. Ohne meine Shorts auch nur ansatzweise richtig anzuhaben, stürzte ich aus dem Zimmer und huschte über die dunklen Gänge, die Treppen hinauf in unser Zimmer.

Schon an der Tür hörte ich das vertraute Knirschen von Sönkes Kiefern. Als ich die Tür hektisch hinter mir zuzog, erwachte er und blinzelte mir entgegen.

»Warum bist du einfach abgehauen?«, zischte ich vorwurfsvoll. Sein harmloser Schlaf machte mich wütend.

»Na, ich konnte da nicht pennen …«, nuschelte er verschlafen, »die haben uns ja den meisten Platz geklaut, die beiden, har har! Bist du eingepennt, oder was?!« Er schloss wieder die Augen.

»Aber du hast doch mit der einen rumgeknutscht. Warum dann auf einmal der Aufbruch?«, beharrte ich.

»Rumgeknutscht? Mann, Alter, hast du dir die beiden mal angesehen? Niemals hätte ich mit denen rumgeknutscht. So besoffen war ich jetzt auch nicht. Aber lustig waren die!«

»… wie, du hast nicht rumgeknutscht?« Die Panik in meiner Stimme ließ sich nicht unterdrücken. Ich hab euch doch deutlich gehört!«

Ziemlich schnell hatten wir geklärt, dass Sönke nicht mal ansatzweise etwas mit den Mädchen gemacht hatte. Langsam, aber sicher steigerte er sich in einen Lachkrampf hinein. Als wir im Morgengrauen langsam einschliefen, hörte ich von Sönkes Seite immer wieder ein verhaltenes Kichern und Prusten.

Am nächsten Morgen, als wir gerade mit den Rucksäcken von unserem Hostel Richtung Dschungel aufbrechen wollten, kamen die beiden Französinnen aus ihrem Gang: Sie schlurften Richtung Frühstücksraum. Sie sahen uns nicht und ich überlegte, ob ich zu ihnen gehen sollte, um mein gestriges Verschwinden irgendwie zu erklären.

Doch wie ich sie dort durch den Gang stampfen sah, mürrisch, massig, in ausgeleierten Turnhosen, mit zerzaustem Haar und verquollenen roten Gesichtern, musste ich mir eingestehen, dass wirklich beide alles andere als anziehend waren und ich so schnell wie möglich weit weg in den Dschungel wollte.

RITA AUS NIPPES

Linus (33), Anwalt, Berlin
über
Rita (31), Kinderkrankenschwester, Köln

De bess wohl nit us Kölle?«, schrie mir die die üppige Blondine ins Ohr, die sich durch drei, vier Reihen singender und johlender Menschen neben mich an die Theke gedrängt hatte. Sie hatte Mühe, den Lärm zu übertönen, aber dann folgte ein Kichern, ähnlich einem lauten Vogelgezwitscher, vielleicht dem einer Meise, das sich in seiner Tonhöhe deutlich von dem übrigen Stimmengewirr abhob und mir im Ohr schmerzte. Sie hatte ein freundliches, vielleicht ein wenig zu rundes, offenes Gesicht, in das sie mit einem Kajalstift einige dunkle Punkte gemalt hatte, die wohl Sommersprossen darstellen sollten. Ihre marineblaue, kunstseidene Bluse hob die Rundungen ihres Körpers angenehm hervor. Die Masse ihres hellblonden Haars hatte sie hochgesteckt, so dass die glatte, weiße Haut ihres wohlgeformten Halses deutlich sichtbar war. Eine schwarze enge, ebenfalls seidenglänzende Hose und sehr hochhackige, schwarze Schuhe ergänzten ihre durchaus attraktive Aufmachung. Es war Weiberfastnacht, und ich war in Köln.

Damals studierte ich in Berlin Jura und wollte im Herbst ins Erste Staatsexamen gehen. In Berlin hatte ich gerade die Trennung von einer langjährigen, sehr problematischen Freundin hinter mir, ein mehrmonatiger, quälender Ablösungsprozess, der mich eine Menge Zeit und Energie gekostet hatte. Aber davon soll hier nicht die Rede sein.

Als ich meinem Freund Mark, der in Köln Medizin studierte, am Telefon von meinen Kümmernissen erzählte, hatte er vorgeschlagen, über Karneval zu ihm zu kommen. Ich könne für ein paar Tage in seiner Wohngemeinschaft unterkommen, da einer seiner Mitbewohner verreist sei. Froh, meinen Berliner Problemen zu entkommen, hatte ich seinen Vorschlag angenommen. Außer Mark und seinen Mitbewohnern kannte ich niemanden in Köln. Auf einer Klassenfahrt war ich zwar als Schüler einmal für ein paar Tage dort gewesen, aber abgesehen vom Dom und ein paar romanischen Kirchen war mir nur das Museum Ludwig in Erinnerung, wo mich seinerzeit die Buntheit und der Einfallsreichtum der inzwischen etwas angejahrten Popart entzückt hatten.

Vom eigentlichen Leben der Stadt und vor allem vom Karneval wusste ich nichts. Ich war in Mainz aufgewachsen, aber die dortige Fastnacht hatte mit dem, was ich hier erlebte, etwa so viel gemein wie Diätquark mit Sahnepudding. Und nun saß ich seit etwa einer Stunde etwas verloren an der Theke dieser Kneipe, beobachtete das lärmende Treiben und war froh, diesen Barhocker erobert zu haben. Meinen Freund Mark hatte ich längst im Straßengewühl verloren. Schreiend erzählte ich also meiner neuen Thekennachbarin, dass ich seit ungefähr vier Jahren in Berlin lebte. Dass ich studierte, wollte ich eigentlich verschweigen; das hätte vielleicht nach Geldmangel geklungen, und außerdem hatte ich das unbestimmte Gefühl, dass die Offenbarung meines Studentendaseins dieser Frau irgendwie missfallen könnte. Ich sollte mich täuschen! Sie hakte auch gleich nach: »Un wat machse da in Berlin?«

So gut es bei dem Lärm ging, erzählte ich ihr von meinem Studium.

»Es doch prima!«, schrie sie zurück, und wieder war da dieses schrille, alles übertönende Gekicher. Wir tranken einige Kölsch, und sie sang laut die Karnevalslieder mit. Mir schien, dass sie jeden Text kannte. An eine wirkliche Unterhaltung war wegen des Krachs nicht zu denken, und als »Die Karawane zieht weiter« gespielt wurde, schlug ich an den Text anknüpfend vor, irgendwohin weiterzuziehen, wo es wenigstens ein bisschen leiser wäre. Sie willigte sofort ein, und im Hinausgehen flüsterte mir ein Cowboy, der an der Tür stand, zu: »Da haste dir aber einen leckeren Braten geangelt!« Das fand ich auch.

Sie kannte in der Nähe eine kleine Bierkneipe, wo es zwar immer noch laut und zudem verqualmt war, aber man konnte sich unterhalten. An einem der Tische waren zwei Plätze frei, und wir wurden von den dort Sitzenden mit großem Gejohle aufgefordert, uns dazuzusetzen, was wir taten.

»Ich heiße Rita«, sagte meine Begleiterin, gefolgt von diesem schrillen Kichern. Dieses Gekicher begann, mir ein wenig auf die Nerven zu gehen. Bald musste ich allerdings feststellen, dass ich sie unterschätzt hatte – ich meine intellektuell. Vielleicht wegen ihres für mich befremdlichen und bisweilen auch schwer verständlichen Dialekts.

Sie erzählte mir, sie sei Kinderkrankenschwester, ihr Traum sei es gewesen, Medizin zu studieren. Ihre Eltern – der Vater betreibe eine Lottoannahmestelle – hätten jedoch darauf bestanden, dass sie erst einmal Geld verdiene. So schwätzten wir und tranken mehrere Kölsch, die der Ober, den sie »Köbes« nannte, immer wieder unaufgefordert vor uns hinstellte. Sie machte einen selbstbewussten, lebenstüchtigen Eindruck. Trotz ihres Dialekts und des Gekichers, das leider auf fast jeden ihrer Sätze folgte, mochte ich die Unterhaltung mit ihr, zumal wir uns dabei – beabsichtigt oder zufällig – immer wieder mit der Stirn berührten und ihre Haare angenehm erregend mein Gesicht streiften. Mit Erstaunen ertappte ich mich dabei, dass ich ihr sogar von den Querelen mit meiner Berliner Freundin erzählte, ein Thema, mit dem ich bisher sehr zurückhaltend umgegangen war. Die Musik und der Alkohol, die ich im Laufe des Nachmittags und des Abends in mich aufgenommen hatte, hatten mich in eine euphorische Stimmung versetzt.

Viel später fragte ich scheinheilig, wo sie wohne. »In Nippes. Ewwer do könne mer nit hin.« Sie schien meine Gedanken erraten zu haben, was zu diesem Zeitpunkt allerdings auch nicht allzu schwer war! Dass sie nicht verheiratet war, hatte sie schon gesagt, aber vielleicht wohnte sie ja mit einem Freund zusammen oder noch bei ihren Eltern? Ich mochte nicht danach fragen. Eigentlich war es mir nicht angenehm, mit ihr in die Wohnung meines Freundes zu gehen, wo ich nur zu Gast war, andererseits mochte ich meine Eroberung auch nicht so einfach aufgeben. Meine Eroberung? War es nicht vielleicht umgekehrt so, dass sie mich in ihrer nüchtern praktischen Art ausgewählt und mitgenommen hatte? Aber darüber wollte ich später nachdenken. Ich war neugierig auf sie, und nach einer Überlegungszeit von etwa drei Sekunden schlug ich vor, zu mir zu gehen, allerdings müssten wir ein Taxi nehmen und wo sollten wir an Weiberfastnacht um diese Uhrzeit eins herbekommen?

»Loss mich ens mache«, sagte sie und kramte aus ihrer Handtasche ein winziges rosa Handy hervor. Sie schien den Angerufenen zu kennen, und nach einer Viertelstunde stand ein muskelbepackter Taxifahrer mit kurz geschorenem Schädel im Lokal. Sie duzte ihn und nannte ihn »Hennes«. Kurz darauf standen wir vor dem Haus der WG meines Freundes; ich bewunderte ihre lebenspraktische, burschikose Art, mit der sie offensichtlich Alltagsprobleme zu lösen verstand. So leise wie möglich stiegen wir auf der knarrenden Treppe des Altbaus die vier Stockwerke zu der Wohnung hinauf. Vorsichtig öffnete ich die Wohnungstür, aber es schien niemand zu Hause zu sein. In dem karg möblierten Zimmer gab es außer dem Bett nur einen Tisch, zwei wacklige Stühle und einen unansehnlichen braunen Schrank. Eine trübe Stehlampe beleuchtete die Tristesse dieser Bude, das Bett war nicht gemacht und meine Klamotten lagen im ganzen Zimmer verstreut; mit Besuch hatte ich nicht gerechnet.

Aber das alles schien sie nicht zu stören. Mit kurzen Schwüngen ihrer Unterschenkel kickte sie die hochhackigen Schuhe von den Füßen und war mit einem Mal nur noch knapp mittelgroß. Dann trat sie ganz nah an mich heran und küsste mich. Ich schmeckte die zärtliche Kühle ihres Mundes und spürte die verlockende Weichheit ihres Körpers. Langsam begann sie in ihrer zielstrebigen Art mein Hemd aufzuknöpfen und löste meinen Gürtel. Ich zog ihr vorsichtig die seidenglänzende Bluse über den Kopf, aber dann fingen wir plötzlich an, uns gegenseitig unsere Kleider herunterzureißen und ins Zimmer zu schleudern, bis wir nackt voreinander standen und uns wieder umarmten. Die verwirrende, weiße Üppigkeit ihres schönen Körpers erregte mich ungeheuer, und ich zog sie – in meiner Berauschtheit etwas ungeschickt – auf das ungemachte Bett, sodass sie auf mich fiel, wobei ich wieder diese zärtliche Weichheit spürte.

Plötzlich sprang sie wieder auf, ging zu ihrer Handtasche, die sie auf einem der Stühle abgelegt hatte, und als sie sich zu mir umdrehte, sah ich, dass sie, noch vor dem Bett stehend, an einem Kondompäckchen herumfummelte, dessen Zellophanumhüllung sie offenbar nicht öffnen konnte. An Kondome hatte ich zwar auch gedacht, besaß auch einen kleinen Vorrat, in meiner Unsicherheit hatte ich jedoch gezögert, dieses Thema anzuschneiden. Mit einem Gemisch aus dankbarer Bewunderung für ihre nüchternpraktische Vorsorge und leichter Verwunderung – immerhin musste sie ein erotisches Abenteuer eingeplant haben – beobachtete ich ihre vergeblichen Bemühungen mit der Zellophanhülle. Und plötzlich war da wieder dieses durchdringende meisenhafte Kichern. Im gleichen Moment hörte ich, dass die Wohnungstür geöffnet wurde. Offenbar durch das schrille Gekicher neugierig geworden und vor allem leicht betrunken, stolperten auch schon – ohne anzuklopfen – mein Freund Mark und sein Mitbewohner mit zwei Mädchen, die ich nicht kannte, ins Zimmer. Ohne Kichern und ohne den spitzen Schrei, wie er in Filmen bei solchen Szenen üblich ist, zog Rita gelassen und sachlich die Decke, mit der ich zugedeckt auf dem Bett lag, an sich und hüllte sich darin ein. Unter dem höhnischen Gelächter der Eindringlinge suchte ich nach etwas Stofflichem, um meine Blöße zu bedecken. Neben dem Waschbecken fand ich ein Handtuch, das ich mir um die Hüften schlang.

In ihrer alkoholbedingten, rohen Mitleidlosigkeit hatten sich mein Freund und eins der Mädchen auf dem Deckbett niedergelassen, das auf den Boden gerutscht war, während die beiden anderen die Stühle in Beschlag genommen hatten, und plötzlich war da auch ein halbvoller Bierkasten. Unsere ungebetenen Gäste schienen nicht die Absicht zu haben, uns so schnell wieder allein zu lassen. Rita, noch immer in die Decke gehüllt, setzte sich auf die Bettkante und beteiligte sich sofort lebhaft und kichernd an dem lärmenden, wirren Gesprächsdurcheinander, das solchen Feiern zu eigen ist, als sei sie unter alten Bekannten. Ich selbst war, soweit ich mich erinnere, eher einsilbig. Es mochte gegen sieben Uhr morgens sein, als Rita unvermittelt erklärte: »Ich muss jätz jonn.«

Unbefangen ließ sie ihre Decke fallen, was mir noch einmal den Anblick ihres üppigen Körpers bot. Dann zog sie sich in aller Ruhe an, gab mir einen Kuss auf die Stirn, winkte den anderen zum Abschied zu und war verschwunden.

Ich hatte vergessen, sie nach ihrer Telefonnummer zu fragen.

WAS MACHST DU DA AUF MAMA?

Axel (27), Hannover, Bauzeichner
über
Christine (28), Hausfrau, Hannover

Sie war meine Nachbarin. Ihr Mann und ihre Kinder auch. Ich wohnte damals in einem Mietshaus in der Innenstadt von Hannover. Die Gegend war etwas heruntergekommen, hohe Arbeitslosigkeit und kaum Freizeitangebote außer der örtlichen Trinkhalle und einem armseligen Kinderspielplatz im Hof des Blocks. Aber meine Wohnung war billig. Und da ich gerade als Bauzeichner in einem Architektenbüro angefangen hatte, war ich ohnehin selten zu Hause.

Auf der anderen Seite meiner Etage wohnte Familie Helms. Er lief mir nur am Wochenende über den Weg. Der Aufschrift auf seinem Lieferwagen nach arbeitete Martin Helms als Klempner. Am Sonntag bastelte er gern an seinem 3er BMW herum und polierte die Alu-Felgen. Christine Helms sah ich öfter. Sie machte all das, was Hausfrauen und Mütter wohl so tun. Wohnung putzen, einkaufen, Wäsche trocknen, ihre zwei Töchter zu Schule bringen. Ich mochte Christine. Wenn wir uns trafen, lächelte sie. Sie schien ihre Kinder zu lieben. Christine war jung, vielleicht 28, ihr Körper wirkte sportlich und fest. Meist trug sie geblümte Kleider, hochhackige Schuhe und hochgesteckte Haare. Ihre Töchter Jana und Clara gingen schon zur Schule, am Wochenende weckte mich oft ihr Geschrei auf dem Hof.

Mit Christine gefickt habe ich an einem Samstag. Ich wankte verkatert vom Vorabend die Treppe hoch, weil mich die Nikotinsucht herausgetrieben hatte. Ich wollte nur zurück in meine abgedunkelte Wohnung, als ich beim Schlüsselsuchen Christine traf.

»Axel«, sagte sie nur und lächelte.

»Hey, Christine,« murmelte ich, »endlich mal wieder Sonnenschein da draußen.« Ich musste mich etwas zusammenreißen, der Restalkohol machte mir zu schaffen. »Und, geht's heute raus ins Grüne?«, brachte ich hervor. Christine zuckte mit den Schultern.

»Nein, Martin ist mit Kumpels zur IAA gefahren, du weißt ja, wie das ist.«

Eigentlich nicht, ich war lediglich im Besitz eines Hollandrades und Automessen schienen mir kaum unterhaltsamer als Tupperware-Partys. Ich schien etwas ratlos zu wirken, als ich so schwankend vor ihr stand. Fast beiläufig sagte Christine: »Vor ein paar Jahren noch war sturmfreie Bude doch das Tollste, oder?« Versonnen blickte sie mich an. »Ich sollte die Gelegenheit nutzen und alles machen, was mir Spaß macht«, sagte sie, drehte sich zur Eingangstür, öffnete und verschwand im Flur. Ich blickte ihr nach, sie hatte die Tür weit offen stehen lassen.

Mein Kater kam nicht von einer erfüllten Nacht mit Freunden und Frauen, sondern eher dem Gegenteil. Ich fühlte mich noch fremd in der Stadt, meine Arbeitszeiten ließen kaum soziale Kontakte zu und sonderlich kommunikativ war ich damals auch nicht. Mit anderen Worten, ich war einsam, ohne Freundin und emotional etwas instabil. Wie auch immer, ich ging Christine hinterher.

Ich machte etwas Lärm beim Schließen der Tür, um sie den nächsten Schritt machen zu lassen. Sie stand in der Küche und stützte sich mit dem Rücken zu mir am Esstisch ab. Schweigend lehnte ich mich in den Türrahmen. Christine blickte kurz zur Seite. Als sie mich in den Augenwinkeln wahrnahm, streifte sie ihr Trägerkleid über die Schultern und ließ es fallen. Als ich einen Schritt auf sie zutrat, drehte Christine sich um und setzte sich mit leicht geöffneten Beinen auf den Tisch. Sie ließ ihre offenen Haare nach vorne fallen. Ich konnte die Augen nicht sehen, als ich vor ihr stand und meine Jeans öffnete. Mit meinem steifen Schwanz in der einen Hand hob ich ihr Kinn. Christine blickte mit großen, fast erstaunten Augen und leicht geöffnetem Mund zu mir auf.

»Wolltest du doch bestimmt schon immer, oder, Axel?« Das klang etwas bitter, aber sie spreizte dabei die Beine und öffnete mit der linken Hand ihre Schamlippen. Während ich über ihre Schulter in den sonnigen Himmel vorm Küchenfenster blickte, schob ich meine Eichel in ihre Muschi. Ohne sie sonst zu berühren, fing ich ihren Blick auf und drang ganz in sie ein. Auch sie blieb sehr ruhig, wir fickten leise und monoton, ich konnte das schmatzende Geräusch beim Reingleiten hören.

Als meine Stöße schließlich doch stärker wurden, stöhnte Christine plötzlich mit einem lang gezogenen, tiefen Ton auf. Ich hielt inne und wir lächelten uns an. Als ich langsam weitermachte, umfasste Christine mit beiden Händen meinen Hintern, während ich mich auf dem Tisch abstützte. Ihr heißer Atem kitzelte meinen Hals. Wir waren jetzt lauter und unkontrollierter und kaum noch zu halten, als eine hohe Stimme mir wie eine Faust auf die Brust schlug.

»Was machst du da auf Mama?« Jana stand in der Tür, vielleicht war es auch Clara. Sie wirkte nicht sonderlich schockiert, aber die Lautstärke ihrer Stimme wirkte, als hätte sie schon einmal gefragt und gemerkt, dass wir sie nicht hören. Diese Erkenntnis machte mich ganz benommen, als mich Christine wie elektrisiert von sich stieß. Ich flüchtete mit meiner Hose hinter den Küchentisch, als ob mich diese Barriere schützen könnte, und bedeckte meinen Schwanz. Christine raffte ihr Kleid vom Boden und bugsierte das Mädchen aus der Küche, während sie mit irritierend ruhiger Stimme fragte: »Aber Jana, was machst du denn hier, du wolltest doch heute bei Anna grillen?«

Jana also. Hoffentlich die Jüngere, dachte ich. Die vergisst bestimmt gleich alles wieder. Jana quäkte mit ihrer durchdringenden Stimme irgendeine komplizierte Antwort und ich zog mich an. Plötzlich stand Christine wieder in der Tür. Sie hatte sich angezogen, steckte ihre Haare hoch und schaute mich ausdruckslos an.

»*Auf Mama?*«, versuchte ich die Stimmung zu lockern. Aber die war leider am Boden. Stumm und ungeduldig sah mir Christine zu, wie ich zur Wohnungstür stolperte. In der Tür blickten wir uns an.

»Du regelst das schon«, sagte ich leise. Jetzt lächelte sie doch, aber traurig.

»Ja, ich weiß. Das ist nicht mal eine große Herausforderung. Eigentlich umso schlimmer, oder?«

In den folgenden Wochen malte ich mir manchmal aus, wie Martin plötzlich vor der Tür steht, weil die kleine Jana mich doch verpfiffen hat. Aber Christine hatte wohl die richtige Bestechung gefunden. Wahrscheinlich ein Eis. Oder sie hat es wirklich vergessen. Ich denke jedenfalls noch oft daran.

DIE BESTE ABLENKUNG

Casper (34), Tontechniker, Darmstadt
über
Emelie (31), Ergotherapeutin, Darmstadt

Ich hatte an diesem Abend meine Ex-Freundin in der Weinerei getroffen. Wir waren seit etwa einem halben Jahr nicht mehr zusammen, trafen uns aber regelmäßig alle ein bis zwei Monate. Dann unterhielten wir uns, tranken viel Wein, sagten einander nette Sachen und hatten anschließend Sex. Eine perfekte Mischung aus Nähe und Gier. Marlene war meine Vertraute und meine beste Freundin. Ich zweifelte nicht daran, dass wir eines Tages wieder zusammenkommen würden, doch hätte es von mir aus auch so weitergehen können. Doch an diesem Abend war unser Treffen anders verlaufen.

Marlene hatte ihre Haare dunkelrot gefärbt, ein zotteliger Pony hing ihr ins Gesicht.

»Steht dir!«, log ich zur Begrüßung. »Schön siehst du aus.« Das meinte ich ernst.

»Danke«, Marlene strahlte über zwei Zahnreihen und tätschelte meine Schulter.

»Du, Casper, ich bin so verliebt!«, flötete sie übergangslos. Angesichts dieser Rohheit hätte ich mich fast verschluckt. »Du musst ihn unbedingt kennen lernen! Er heißt Clemens und er schreibt gerade an seiner Doktorarbeit, stell dir vor!«

Das verschlug mir die Sprache. Dabei musste ich jetzt schnell etwas sagen, denn sie sollte nicht weiterreden. »Hmpf …«, entfuhr es mir.

Marlene sprach weiter: »Ich kann leider nicht allzu lang bleiben, Clemens kommt und wir müssen früh ins Bett, hihi.« Übelkeit stieg in mir auf, während Marlene kicherte. Bitte, flehte ich innerlich, nicht jetzt, nicht so, nicht hier! Ich betrachtete mein Gegenüber, ihr übertrieben frohes Grinsen, und heftige Eifersucht schnürte mir die Kehle zu. Ich musste schleunigst hier weg, bevor ich zu heulen anfing, auf die Knie fiel oder mich auf dem Boden wälzte. Wie schön für dich, wollte ich sagen, doch ich brachte es nicht über die Lippen.

»Dann gehen wir heute Abend wohl nicht miteinander nach Hause?«, fragte ich stattdessen. Ich sagte das nur, um etwas zu sagen. Und um den abwesenden und träumerischen Ausdruck aus ihrem Gesicht zu vertreiben. Doch Marlene blickte mich an, als hätte ich sie aufgefordert, ein Hundebaby auszupeitschen. Sie verabschiedete sich ziemlich schnell und ließ mich allein und mit gebrochenem Herzen in der Weinerei zurück. Ich trank, starrte vor mich hin und überlegte, ob ich das alles wirklich verdient hatte.

Irgendwann setzte sich jemand zu mir, ein Mädchen mit gelben Locken, das in ein Mobiltelefon zeterte: »Ich? Ich will dich sowieso nicht mehr sehen, du Heini!«

»Kannst du bitte weggehen?«, bat ich, doch sie blickte nicht mal auf. Resigniert verfolgte ich das Gespräch und versuchte mich darüber zu freuen, dass andere Menschen auch Probleme hatten. Es gelang mir nicht. Endlich legte sie auf und blickte hoch.

»Was guckst du mich so an?«, fragte sie schnippisch. Empört schnappte ich nach Luft.

»Schon gut, lass uns lieber was trinken«, fuhr sie dann freundlicher fort und stand auf, um zwei neue Rotweingläser vom Tresen zu holen. Ich blieb sitzen, mir war ohnehin alles egal. Emelie hatte bunte Sterne, Blumen und hasenartige Fabelwesen auf Arme und Dekolletee tätowiert, die ich versonnen betrachtete, während wir uns unterhielten. Zwei Stunden später liefen wir eingehakt die Straße entlang. Wir schwankten ziemlich. Emelie wollte bei mir übernachten.

»Lass uns zu dir gehen! Sex ist immer die beste Ablenkung, wenn man sich scheiße fühlt«, hatte sie gesagt und während ich noch überlegte, wie auf diese offenherzige Auskunft zu antworten sei, einfach meinen Arm ergriffen. In meiner Wohnung lotste ich sie dennoch erst mal in meine Küche, wo wir eine weitere Weinflasche entkorkten. Unterwegs hatte sie begonnen, mir von dem Typen am Telefon zu erzählen und fuhr jetzt unbeirrt damit fort: »Andi hat ja nicht mal ansatzweise begriffen, wer ich bin, dazu war er ja intellektuell gar nicht in der Lage ...«

Andi? Bäh. Ich hatte den Anfang verpasst und schaffte es auch jetzt nicht, die Energie aufzubringen, ihren Darlegungen zu folgen. Emelie schüttelte ihre gelben Locken, als wolle sie etwas daraus vertreiben. In Gedanken versunken betrachtete ich sie. Was tun Mädchen eigentlich immer mit ihren Haaren, fragte ich mich. Und warum? Meine nächste Freundin sollte einen Bob tragen – praktisch, sympathisch, pflegeleicht ... Da ich offenkundig nicht zuhörte, versuchte Emelie endlich das Thema wechseln. Sie blickte sich mit glasigen Augen in meiner Küche um, und sprach dann den Gewürzpflanzen ein übertriebenes Lob aus. Sie lallte. Ich nahm es freundlich entgegen.

»Das ist ein hübsches Poster, Andi ...« Emelie schlug sich entsetzt die Hand vor den Mund. Hatte sie mich gerade beim falschen Namen genannt? Und was für ein dämlicher Name!

»Das macht doch nichts«, sagte ich lahm.

»Doch!« Emelie verzog das Gesicht, es sah unschön aus. Dann schniefte sie und begann zu heulen. »Doch, das ist schlimm! Das passiert mir ständig ... dieser Scheißkerl!«

Zur Hölle, das hatte ich doch wirklich nicht verdient! Jetzt saß dieses gelbhaarige Mädchen in meiner Küche und heulte. Wahrscheinlich wegen irgendeiner dahergelaufenen Niete! Draußen wurde es langsam hell und ich hatte literweise Wein getrunken. Morgen würde ich verkatert und melancholisch sein und mich noch schlimmer fühlen als jetzt ... ich musste ins Bett.

»Ich werd jetzt mal schlafen«, sagte ich und stand auf. Augenblicklich sprang auch Emelie von ihrem Stuhl.

»Ich komm mit. Putze mir schnell noch die Zähne. Ich nehme deine, okay?« Sie schob sich vor mir ins Bad und verschloss die Tür. Ich fragte mich, ob sie mit ihrer Betty-Page-Schminke ins Bett gehen würde. Doch diese Sorge war unbegründet. Es dauerte über zwanzig Minuten, bis sie mit nacktem, speckig glänzenden Gesicht wieder aus dem Bad trat. In meinem Schlafzimmer begann sie sofort, sich zu entkleiden. Ich hatte das Licht gelöscht, also holte sie Kerzen aus der Küche. Nachdem ich erschöpft auf der Matratze zusammengebrochen war, begann sie sofort an den Schlaufen meiner Pyjamahose zu fingern. Ach ja, sie wollte Sex, das hatte sie ja gesagt. Aber hätte sie sich nicht vorher schon ein bisschen Mühe geben können?

Ich verfluchte Marlene für ihre gnadenlose Grausamkeit, irgendwie war das hier alles auch ihre Schuld. Emelie hatte mittlerweile umständlich eine Hand in meine Shorts gewunden und begann den Kampf gegen Alkohol, Schlafmangel und mangelnd Anziehung. Um die Sache zu vereinfachen, zog ich meine Hose aus. Die Hand wurde ein wenig geschickter. Nach einer Weile glitt Emelie an mir runter und dann spürte ich ihre Lippen, die sich gegen meine Schwanzspitze drückten, langsam nachgaben und sich nach und nach über mich stülpten.

Mittlerweile hatte ihr Bemühen auch Erfolg gezeigt, der Schwellkörper war angeschwollen und zuckte motiviert. Sie ließ ihn erstaunlich tief in ihren Rachen gleiten und ich musste unwillkürlich stöhnen. Nun fiel es mir auch nicht mehr schwer, den nötigen Enthusiasmus zu entwickeln, und als sie ihren Mund von mir löste, schloss ich sie in die Arme und wollte mich auf sie und in sie schieben, doch sie drückte mich mit sanftem Druck nach unten. Bereitwillig leckte, lutschte, fingerte und biss ich sie, während sie sich unter mir wand, ihren Unterleib gegen meine Hand drückte und stöhnte. Ich schob meine glitschigen Finger in sie, massierte, rieb und freute mich an der Heftigkeit ihrer Reaktion.

Als sie langsam ruhiger wurde, gab ich mir noch mehr Mühe. Ich wollte sie zum Kommen bringen, mehr als alles andere ... Himmel, ich liebte diese Frau, auch wenn mir das gerade erst bewusst wurde ... Doch Emelie blieb unbeweglich, keine Reaktion mehr. Was zur Hölle war los mit ihr? Als ich mich zart an ihrem Bauch nach oben küsste, vernahm ich ein leises röchelndes Geräusch. Ein sachtes Schnaufen ... War sie etwa wirklich eingeschlafen?

»Emelie?«, flüsterte ich ungläubig und kniff behutsam in ihre Brustwarze. Sie zeigte keinerlei Reaktion, außer dem gleichförmigen, geradezu anmutig leisen Schnarchen. Ich rüttelte sie, erst sanft, dann doch etwas fester. Mein Schwanz begann bereits zu erschlaffen.

»Emelie?«, rief ich laut, doch sie schlief wie narkotisiert. Vielleicht stellte sie sich auch tot? Es lief auf dasselbe hinaus. Ich rollte mich neben sie, zog die Decke über uns und versuchte einzuschlafen, während ihr Schnarchen allmählich und schleichend lauter wurde.

Als ich am nächsten Tag erwachte, war sie verschwunden, ohne einen Zettel zu hinterlassen.

OH, IHR MÄDCHEN!

Viggo (19), Medizin-Student, Koblenz
über
Laura (20), Logopädin, Koblenz

Mein erstes Mal fand auf einer Party statt. Ich war fünfzehn und mit meinen Freunden bei ein paar Mädchen, weil eine von ihnen in unserer Straße wohnte. Sie waren etwas älter als wir und es war komisch, dass sie sich überhaupt mit uns vergnügten. Aber wir waren Vorstadtkinder, da ist man selbst als Mädchen nicht so wählerisch.

Wir hatten Sommerferien und waren endlich in dem Alter, in dem wir in den Ferien allein zuhause bleiben durften, jeder Tag war neu, wild, frei und voller toller Möglichkeiten. Wir schliefen bis nachmittags, trafen uns dann und begannen zu trinken. Wir schnitten Löcher in unsere Hosen, rasierten uns die Haare ab oder färbten sie blond und fanden uns aufregend und cool. Die Mädchen fanden das wohl auch, jedenfalls ließen sie uns seit zwei Tagen bei sich gastieren.

Am ersten Abend hatten sie uns mit hoch dosierten Haschkeksen gefüttert. Mit dem zweifelhaften Erfolg, dass einer von uns seither verschwunden war (er sollte ein paar Tage später wieder auftauchen), und ein anderer mit Vergiftungserscheinungen im unteren Badezimmer wohnte. Die Übrigen hatten sich nach kurzen, aber heftigen Verwirrungszuständen schnell wieder erholt und waren abgesehen von mir nach Hause gegangen. Wobei ich noch immer die eine oder andere merkwürdige Beobachtung traf, die mich verunsicherte. (»Sagt mal, hat der Hund zwei Gesichter oder habe ich Halluzinationen?«)

Ich war nicht sicher, dass Marihuana etwas für mich war, aber immerhin schien mein Zustand die Mädchen zu amüsieren. Sie behielten mich in ihrer Nähe, tätschelten mich und teilten Schnaps und Schokolade mit mir. So war ich nach zwei Tagen immer noch bei ihnen. Eigentlich hatte ich schon lange nach Hause gehen wollen, ich fragte mich auch, was meine Freunde so trieben, ob sie wiederkommen oder mich zumindest beizeiten abholen würden, doch mir fehlte die Energie, etwas zu unternehmen, also blieb ich einfach.

Der Altersunterschied zwischen den Mädchen und mir war eigentlich gar nicht gravierend, sie waren ein oder zwei Jahre älter als ich, dennoch kamen sie mir unendlich reif und erwachsen vor. Was vielleicht auch an den Haschkeksen lag. Irgendwann beschlossen sie, dass ich mit einer von ihnen Sex haben sollte. Mit Laura. Meine Jungfräulichkeit hatten sie bereits gestern, zu Beginn unserer Freundschaft, erfragt und meinen zaghaften Versuch zu lügen schnell entlarvt.

Das Thema Sex fand ich sehr unangenehm, damals sowieso, und mit Mädchen wollte ich es schon gar nicht erörtern. Ich war mit fünfzehn Jahren noch ziemlich asexuell und am liebsten mit meinen Freunden zusammen. Doch jetzt saß ich hier in einer fremden Welt mit sechs Mädchen, es waren Sommerferien und es herrschte Anarchie. Sex macht Spaß, behaupteten die Mädchen.

Ich ahnte vage, dass sie Recht hatten und wollte ihnen gerne glauben. Laura war sympathisch und zudem weniger einschüchternd als die anderen. Ich war froh, dass sie sie ausgewählt hatten. Was Laura darüber dachte, weiß ich nicht, sie sagte nicht viel. Sie war überhaupt von phlegmatischem Wesen. Nachdem die Mädchen den Beschluss gefasst hatten, war alles sehr aufregend. Ich hatte erst ein Mal in meinem Leben ein Mädchen geküsst, meine

Cousine, als wir im Garten gezeltet hatten. Nur ganz kurz, ich hatte mich sehr geekelt. Laura erhob sich irgendwann vom Sofa und setzte sich neben mich auf den Boden. Wir sprachen über Musik, Filme und Schule, und ich war froh, dass ich schon eine Weile keine Halluzinationen mehr gehabt hatte.

Irgendwann hielten wir Händchen. Meine Hand fühlte sich klatschnass an und ich überlegte, wie ich sie wieder befreien könnte, als Laura aufstand und ins Nebenzimmer ging. Erst jetzt wurde mir der Ernst der Lage vollends bewusst. Mein Herz schlug rasend schnell, als ich Laura folgte. Meine Kehle war zugeschnürt und ich wusste nicht, wohin mit meinen Händen. Was sollte ich tun? Was sollte ich sagen? Was würden andere an meiner Stelle sagen und tun? Laura zog ihr Kleid aus, ich starrte sie an. Sie war so schön, ich wollte sie auf keinen Fall enttäuschen. Sie trat auf mich zu und küsste mich.

Ich überlegte kurz, ob mir schlecht werden sollte, doch es fühlte sich gut an. Wir setzten uns aufs Bett und zogen uns ganz aus. Das war kompliziert, denn ich wollte dabei nicht aufhören, sie zu küssen. Ich dachte, beim Küssen hat man die Augen zu und es war mir lieber, dass Laura die Augen geschlossen hatte, während ich mich auszog. Als wir es dennoch irgendwie geschafft hatten, flüsterte sie mir ins Ohr: »Ich nehme die Pille.«

Meine Güte, an so etwas hatte ich gar nicht gedacht! Ich erschrak noch im Nachhinein. Laura kam mir unendlich verrucht und erfahren vor, bestimmt würde ich sie enttäuschen … Ihre Brüste waren so perfekt und aufregend, unbeholfen begann ich sie zu streicheln. Ich überlegte noch immer, was ich jetzt tun sollte, als Laura mich umarmte und zwischen ihre Beine zog. Ich kam sofort. Sie merkte es nicht gleich, erst als sie in den Spermafleck fasste.

Sofort legte sie die Arme wieder um mich und begann meinen Rücken zu streicheln. Ich hasste mich, ich war ein Versager! Aber

Laura war sehr nett, sie tat so, als wäre das völlig normal, lächelte und wollte mich trösten.

»Viele Typen kommen gar nicht«, sagte sie aufmunternd zu mir. Bis heute weiß ich nicht, warum sie das damals sagte.

Ich schämte mich schrecklich. Und plötzlich kam mir der Gedanke, dass wir wieder rüber zu den anderen mussten und Laura bestimmt allen Bericht erstatten würde. Ich richtete mich auf. Laura schien meine Angst zu erraten.

»Mach dir keine Gedanken, Schätzchen«, sagte sie. Mich hatte noch niemals jemand »Schätzchen« genannt.

Wir zogen uns an und gingen zu den anderen Mädchen. Es wurde viel gegrinst. Keine Ahnung, was sie untereinander besprachen, mich fragte niemand nach Details. Doch die Mädchen kicherten den ganzen Abend. Als ich mich irgendwann traute, nach dem Grund für die allgemeine Heiterkeit zu fragen, rollten sie sich vor Lachen über den Boden, zu keiner Antwort fähig. Laura hatte mich verraten. Ich bin dann nach Hause gegangen. Wirklich, eine fremde Welt.

Für eine lange Zeit gab es erst mal keine Ausflüge mehr in das Reich der Mädchen. Dafür war ich bei meinen Freunden jetzt ein Held, neidvoll und ungläubig lauschten sie meinen Erzählungen, die ich natürlich ein wenig ausschmückte.

Im Nachhinein fand ich mich selbst ungeheuer mutig.

EIN WIEDERSEHEN

Günther (70), pensionierter Anwalt, Bonn,
über
Inger, eine schwedische Urlaubsbekanntschaft
von vor über vierzig Jahren

Es war ein drückend heißer Tag Mitte Juli 1968, als mein Freund Gerrit und ich in meinem fünfzehn Jahre alten VW-Käfer Berlin in Richtung Norden verließen. Seit Tagen lag eine grelle, weiße Hitzeglocke über der damals noch eingemauerten Stadt, wo wir beide an der FU Jura studierten. Eigentlich wäre es vernünftiger gewesen, den geplanten Urlaub zu streichen und uns auf das im nächsten Jahr anstehende Erste Staatsexamen vorzubereiten, das uns wie eine beharrliche dunkle Wolke bedrohte. Außerdem hatten uns die Demonstrationen, an denen wir mit wechselnder Begeisterung teilgenommen hatten, und die vom SDS (Sozialistischer Deutscher Studentenbund), dem wir allerdings nicht angehörten, veranstalteten endlosen und häufig auch fruchtlosen Diskussionen, die oft bis in die Nacht dauerten, viel Zeit gekostet. Immerhin war es das Jahr 1968, und wir waren in Berlin!

Aber wir wollten nach Schweden! Schon in unserer Heimatstadt im Rheinland hatten wir Sagenhaftes über die schwedischen Mädchen gehört. Die waren nicht nur schön, naja die meisten wenigstens, sondern auch viel weniger prüde als deutsche Mädchen. Und sie waren ganz scharf auf deutsche Männer, weil die schwedischen Jungs entweder langweilig oder besoffen oder auch beides zugleich waren. Dieses Wissen war damals in Deutschland unter Jungen Allgemeingut, und da waren uns Studium und Politik erst einmal nicht so wichtig.

Die Volkspolizisten am Kontrollpunkt Dreilinden schwitzten und waren noch unfreundlicher als sonst. Da wir auf die Frage nach dem Wohin wahrheitsgemäß angaben, dass wir in den Urlaub nach Schweden wollten, kostete uns das fast zwei Stunden, weil diese neidischen Kerle es für nötig hielten, unseren Käfer in einer abseits gelegenen Halle auseinanderzunehmen und einer besonders eingehenden Untersuchung zu unterziehen. Offenbar hatte sich die Sache mit den Schwedinnen auch in der DDR herumgesprochen.

Als wir im schwedischen Trelleborg an Land rollten, brach ein gewaltiges Unwetter mit Sturm, Regen, Hagel, Blitz und Donner los, das bald in einen tagelangen, feinen Sprühregen übergehen sollte. Nach einer langwierigen Kontrolle durch schwedische Zollbeamte auf Alkoholschmuggel – unser Vorrat an Wein und Bier wurde glücklicherweise nicht entdeckt – konnten wir völlig durchnässt unsere Fahrt Richtung Norden fortsetzen. Kein guter Anfang und es sollte noch schlimmer kommen!

In einer Landschaft, die vermutlich bei akzeptablem Wetter wunderschön gewesen wäre, schlugen wir auf einem kleinen Campingplatz an einer fjordartigen Bucht nördlich von Göteborg unser bescheidenes Zweimannzelt auf; ein Hotel ließ unsere Haushaltslage nicht zu. Den Abend wie auch die nächsten Abende verbrachten wir im Volkspark des nahen Städtchens – dem einzigen für uns erschwinglichen oder genauer gesagt überhaupt dem einzigen abendlichen Unterhaltungsangebot der eigentlich sehr schönen Region.

Dort war es nicht schwer, junge Leute kennenzulernen. Wir sprachen über Musik, die wir mochten, Filme, die wir gesehen hatten, Reisen, die wir gemacht hatten – nicht über Gott, aber über die Welt, die unsere gemeinsame zu sein schien.

Wir wurden freundlich aufgenommen, was wir nicht ohne Weiteres erwartet hatten – doch was wir wirklich erwartet hatten, erfüllte sich nicht! Die schwedischen Mädchen waren bei Weitem nicht so schön, wie es dem Ruf, der ihnen vorauseilte, entsprochen hätte. Und vor allem hatten die hübscheren unter ihnen alle einen Freund, der sie abends in den Volkspark begleitete und nicht aus den Augen ließ. Eigentlich war alles wie daheim. Und im Übrigen, was hatten wir schon zu bieten? Wohin hätten wir jemanden einladen können? In unser winziges, klammes Zelt?

Tagsüber saßen Gerrit und ich im Eingang des Zeltes und starrten trübsinnig auf das stille, graue Wasser der nebelverhangenen Bucht und die regennassen Tannen der gegenüberliegenden kleinen Insel. Es ist mir nicht in Erinnerung, dass der dünne kalte Regen nur einen Moment aufgehört und die Wolken auch nur einen Sonnenstrahl durchgelassen hätten. Zwischendurch wärmten wir auf einem kleinen Spirituskocher Dosenravioli, Dosenspaghetti mit Tomatensoße, weiße Bohnen in Dosen und was die Konservenindustrie sich sonst noch an kulinarischen Abartigkeiten hatte einfallen lassen.

Es war deprimierend! Und so beschlossen wir am vierten Tag, abzureisen und vielleicht noch ein paar Tage an der deutschen Ostseeküste zu verbringen.

In Travemünde war die Welt wieder in Ordnung. Schon während der Überfahrt hatte sich die Wolkendecke plötzlich geöffnet, und die Fähre war bei strahlendem Wetter über das sonnenglitzernde Wasser in die Travemündung eingelaufen. Das Erste, was wir taten, nachdem das Zelt auf dem Campingplatz auf dem Priwall stand, war, uns bei unseren gleichaltrigen männlichen Zeltnachbarn nach einem »Tanzschuppen« zu erkundigen. Das Wort »Diskothek« kannten wir, glaube ich, noch nicht. Es gebe einiges, am besten sei aber ein großes Tanzlokal – den Namen habe ich vergessen – im Zentrum von Travemünde, wo immer viele Touristinnen seien. Dahin gingen wir natürlich gleich nach unserem Abendessen, Königsberger Klopsen aus der Dose.

Der Raum war nur diffus beleuchtet und verqualmt; an der Decke drehte sich die damals in solchen Läden unvermeidliche Glitzerkugel, und die Musik war eigentlich nicht das, was ich mir gewünscht hätte, aber ein geschultes männliches Jägerauge konnte auf Anhieb feststellen, dass hier Frauenüberschuss herrschte, und bald zeigte sich, dass die meisten der Mädchen aus Skandinavien, vor allem aus Schweden, kamen. Da waren sie also, die gesuchten Schwedinnen, hier in Deutschland!

Von unserem Standort an der Bar hatten Gerrit und ich einen guten Überblick über die Tanzfläche. Mir war nach wenigen Augenblicken klar, welches das attraktivste Mädchen in dem ganzen Laden war. Sie tanzte allein, mit langsamen graziösen Bewegungen und schien ganz in die Musik – die mir immer noch nicht gefiel – versunken. Ihr schlanker, kraftvoll wirkender und doch umwerfend weiblicher Körper wiegte sich entrückt im Rhythmus des Bossanova. Dunkelblondes, sehr dichtes, hochgestecktes Haar krönte ihr flächiges Gesicht mit den hohen Wangenknochen und der kleinen flachen Nase, dem die etwas schräg gestellten Augen einen leicht exotischen Ausdruck verliehen. Sie war zweifellos der Glanzpunkt, die Königin, der Hingucker in diesem ansonsten eher mediokren Schuppen.

Hatte ich mich getäuscht oder hatte sie mir unter den halb geschlossenen Lidern einen sekundenschnellen Blick zugeworfen? Ich ließ sie nicht aus den Augen, und tatsächlich, da war er wieder, dieser Blick, der mich elektrisierte, mir durchs Hirn fuhr und mein Zwerchfell zusammenzucken ließ. Und diesmal war der Blick mit einem winzigen Lächeln, aber eindeutig mit einem Lächeln verbunden, das mir galt. Ob dieser Blick und dieses Lächeln eine Aufforderung waren, wusste ich nicht, aber ich ging wie gebannt auf sie zu und begann mich auf der Tanzfläche zu bewegen, zuerst etwas verkrampft und im Abstand von ihr, dann mit zunehmender Sicherheit, und als die Musik in einen langsameren Takt wechselte, legte ich meinen Arm um ihre Taille und sie schmiegte sich ganz leicht an mich. Ich spürte ihre breite, glatte und leicht verschwitzte Stirn an meinem Gesicht und fühlte mich wie in einem Traum.

»Ich bin Inger Svensson«, sagte sie. Nun wusste ich, dass es in Schweden so viele Svenssons gab wie Müllers in Deutschland, aber der Name gefiel mir trotzdem, vermutlich wegen seiner Trägerin. Konnte es einen hüscheren Namen für eine Schwedin geben als Inger Svensson?

»Günther«, sagte ich etwas verschämt, weil mir mein Name überhaupt nicht gefällt. »Ich heiße Günther.« Sie zog die schmalen geschwungenen Brauen leicht in die Höhe und wiederholte meinen Namen.

»Das ist ein sehr schöner Name.«

»Findest du?« Das hatte mir bis dahin noch niemand gesagt.

Als wir an die Bar kamen, war mein Freund Gerrit verschwunden. Wir tranken abwechselnd Cocktails und Bier und plauderten miteinander, als kennten wir uns seit langem. Sie komme aus einer kleinen Stadt nördlich von Stockholm und arbeite in der Verwaltung einer großen Stahlfabrik als Fremdsprachenkorrespondentin, erzählte sie in fließendem Deutsch mit jenem hinreißenden Akzent, wie man ihn von den skandinavischen Schlagersängerinnen kannte, die damals in Deutschland in Mode waren. Die wenigen kleinen sprachlichen Fehler, die sie machte, entzückten mich. Leider sei ihr Urlaub zu Ende und sie müsse am nächsten Tag mit der Fähre nach Trelleborg abreisen. Die Vision gemeinsamer Urlaubstage, die schon undeutlich in mir aufgekommen war, zerstob.

Es wurde bereits hell, als wir Hand in Hand über die menschenleere Seepromenade schlenderten und immer wieder stehen blieben, um auf die Ostsee hinauszuschauen und um uns zu küssen und aneinanderzudrücken. Zu meiner Überraschung standen wir plötzlich vor dem Gartentor zu einer kleinen Pension. Hier wohne sie, aber ich könne nicht mit hineinkommen, weil sie das Zimmer mit einer Freundin teile. Natürlich hatte ich daran gedacht, wie es weitergehen könnte, hatte aber nichts gesagt und war auch nicht wirklich enttäuscht. Ich bot an, sie und ihre Freundin am nächsten Tag mit dem Auto zur Fähre zu bringen. Wir verabredeten uns für den nächsten Tag, und mit einem schnellen Kuss verabschiedete sie sich und verschwand im Haus.

Der nächste Tag war sonnig und warm, und als ich gegen elf Uhr vor der Pension hielt, trat Inger zusammen mit einem dünnen, blassblonden Mädchen aus der Tür.

»Das ist Doris«, stellte Inger ihre Freundin vor. Die beiden schleppten jede einen riesigen Koffer und Inger außerdem eine große Reisetasche aus der Pension – Gepäck, das für eine mehrmonatige Reise gereicht hätte. Nur mit Mühe gelang es mir, alles in dem VW unterzubringen.

»Ich liebe dein Auto«, sagte Inger unvermittelt. Wie das? Wie konnte man diese unzuverlässige, marode Rostkiste lieben? Ich beschloss, diese Erklärung auf mich statt auf mein Auto zu beziehen.

Nachdem am Skandinavienkai das Gepäck eingecheckt war, standen wir vor der haushohen Fähre, die sie von mir fortbringen sollte. Ich sah ihr leicht sonnengebräuntes Gesicht und die Sommersprossen auf ihrer Nase, und in meinem Kopf lief wie ein Film im Schnelllauf die Vorstellung eines gemeinsamen Lebens mit ihr ab. Ein ohrenbetäubendes Tuten der Fähre riss mich aus meinem Tagtraum und ich sah, dass Tränen über ihr Gesicht liefen.

»Wir sehen uns wieder«, sagte ich. Sie nickte, drehte sich um und ging schnell die Rampe des Schiffs hinauf, zurückwinkend, doch ohne sich noch einmal umzudrehen.

Bei meiner Rückkehr nach Berlin fand ich einen Brief mit schwedischer Briefmarke darauf vor. Inger hatte mir geschrieben, nicht überschwänglich, aber liebevoll, und sie hatte ein paar Fotos von sich dazugelegt, die ich bis heute aufbewahre. Einen Telefonanschluss besaß ich nicht, und das Telefonieren ins Ausland war teuer und umständlich. Deshalb schrieben wir uns nun regelmäßig Briefe, etwa einmal in der Woche. Wir berichteten einander über unser tägliches Leben und schrieben, dass wir uns unbedingt wiedersehen wollten.

Dann im März 1969 kam ein Brief, in dem Inger mir mitteilte, dass sie beruflich nach München müsse, um ihrem schwedischen Chef als Dolmetscherin zur Seite zu stehen. Sie könne es aber einrichten, einen Tag in Berlin Station zu machen. Sie komme am Dienstag in vierzehn Tagen morgens zusammen mit einer Kollegin am Bahnhof Zoo an. Ob ich sie abholen und für sie und die Kollegin ein Hotel besorgen wolle. Natürlich wollte ich, auch wenn ich inzwischen mitten im Examensstress steckte.

Ein kleines Mittelklassehotel in meiner Nähe, am Steinplatz, schien mir passend, aber als ich dort fragte, hieß es, man habe weder Einzel- noch Doppelzimmer frei und ich müsste schon großes Glück haben, wenn ich anderswo etwas finden würde. In der fraglichen Zeit laufe die Modemesse, außerdem würde am 5. März der Bundespräsident gewählt. Es stimmte. Auch in zwei weiteren Hotels und einer Pension bekam ich die gleiche Auskunft. In der Touristeninformation erklärte mir eine freundliche Dame, das Einzige, was sie anzubieten habe, sei ein Doppelzimmer bei Privatleuten in Mariendorf.

»Nein, warten Sie!«, sagte sie plötzlich, nachdem sie einen Telefonhörer abgenommen hatte, »ich höre gerade, dass zwei Zimmer im Hilton abgesagt wurden. Die kosten allerdings 120,00 DM das Stück, mit Frühstück. Sie müssen sich nur schnell entscheiden, sonst vergebe ich sie anderweitig.«

240 DM, das war etwa die Hälfte des Betrags, den mir meine Eltern monatlich überwiesen, und obwohl der Monat noch nicht zur Hälfte vorbei war, hatte ich allenfalls noch 100 DM auf meinem Konto. Ich war mir nicht sicher, ob meine Gäste erwarteten, dass ich das Hotel bezahle oder ob sie andernfalls mit einem so hohen Preis einverstanden sein würden. Natürlich hätte ich das Konto überziehen oder mir Geld von Freunden leihen können. Und das hätte ich tun sollen! Einiges wäre dann sicher besser verlaufen. Aber wie sollte ich das Loch wieder stopfen? Ich war ratlos. Völlig niedergeschlagen buchte ich schließlich das Privatzimmer, ohne es gesehen zu haben. »Für zwei junge Damen aus Schweden«, erklärte ich der freundlichen Angestellten.

Auf dem Bahnsteig im Bahnhof Zoo entdeckte ich Inger sofort, als sie aus dem Zug stieg. Ein weiter weißer Wollmantel umwehte sie, und wieder zog sie einen überdimensionierten Koffer hinter sich her. Die Kollegin war genauso dünn und blassblond wie Doris, hieß aber Siv. Freudig fiel mir Inger um den Hals. Ich hatte sie größer in Erinnerung und auch schlanker. Zweifellos, sie war immer noch hübsch, aber der lange skandinavische Winter hatte ihr irgendwie zugesetzt. Sie schien zugenommen zu haben, die Sommersprossen waren verschwunden, und eine Schicht eingetrocknet wirkenden Make-ups verdeckte kaum einen Pickel an ihrem nun runder scheinenden Kinn. Ihr schönes flächiges Gesicht erschien mir breiter, als ich es in Erinnerung hatte, und wirkte unter dem Make-up blass, aber das mochte daher kommen, dass die beiden, wie sie erzählten, fast zwanzig Stunden mit dem Zug und dem Schiff unterwegs gewesen waren. Ich fand Inger trotz der kleinen Veränderungen immer noch hinreißend, und wenn ich auch wegen des Privatzimmers ein schlechtes Gefühl hatte, freute ich mich doch über das Wiedersehen.

Die Unterkunft im Erdgeschoss eines Mietshauses aus den fünfziger Jahren war ein Desaster. In dem nüchternen Treppenhaus hing ein undefinierbarer Essensgeruch, und als wir an der Wohnungstür läuteten, öffnete uns ein magerer, kleiner Mann im dunkelgrauen Trainingsanzug mit strähnigen, dünnen Haaren. Gierig betrachtete er die beiden Mädchen, wie ein hungriger Hund einen von seinem Herrn zu hoch gehaltenen Knochen, während er mich nur mit einem kurzen misstrauischen Blick streifte. Er verschwand jedoch, als seine unglaublich fette Frau, ebenfalls im Trainingsanzug, allerdings in Rosa, auftauchte. Sie zeigte uns das Zimmer, offenbar das eheliche Schlafzimmer dieses ungleichen Paares.

Der Raum war vollgestellt mit klobigen braunen Möbeln und hatte als einzige Beleuchtung eine altmodische, trübe und unsäglich hässliche Hängelampe an der niedrigen Decke. Alles wirkte unfreundlich und trist. Die Enttäuschung meiner beiden Schwedinnen war in ihren Gesichtern unschwer zu lesen. Ich schämte mich und bereute meine Knauserigkeit. Warum hatte ich Geizkragen nicht die Zimmer im Hilton genommen? Hier konnte man sich nicht aufhalten, geschweige denn eine intime Atmosphäre aufbauen. Also fuhren wir bald wieder in die Innenstadt und setzten Doris beim KaDeWe ab.

»Lass uns zu dir gehen«, schlug Inger vor. Ich bewohnte ein möbliertes Zimmer in einer Altbauwohnung in Charlottenburg. »Aber keinen Damenbesuch, auch nicht tagsüber!«, hatte meine Vermieterin, Frau Weisbrodt, eine leicht verwirrte und bösartige ältere Witwe, bei der Besichtigung erklärt. Aber preiswerte Zimmer oder gar Appartements waren damals in Berlin selten wie weiße Dromedare, und das helle Zimmer mit dem Parkettboden und den Biedermeiermöbeln hatte mir gefallen. Also hatte ich das Zimmer genommen, obwohl mir die Vermieterin ausgesprochen unsympathisch war.

»Klar, das machen wir«, sagte ich, wohl wissend, dass ich meine Unterkunft aufs Spiel setzte. Das bohnerwachsglänzende holzgetäfelte Treppenhaus des großbürgerlichen Altbaus mit den roten Kokosläufern gefiel Inger. Leise schloss ich die große Wohnungstür mit den Spiegelglasscheiben auf und stellte erleichtert fest, dass Frau Weisbrodt offenbar nicht zu Hause war. Als wir uns in meinem Zimmer gegenüberstanden, schaute Inger sich um und meinte: »Schon schöner hier als in Mariendorf.« Alle Beklemmung, die nach dem Reinfall mit dem Zimmer dort geherrscht hatte, löste sich in prustendem Gelächter auf.

Noch immer lachend begannen wir, uns wie selbstverständlich gegenseitig auszuziehen, indem wir unsere Kleider auf den Fußboden warfen. Ingers helle, glatte Haut, die an den Seiten ihrer vollen Brüste kleine bläuliche Adern durchscheinen ließ, verwirrte und erregte mich. Als sie mir für einen kurzen Moment den Rücken zuwandte, um ihre elegante und vermutlich teure Jacke auf einen Stuhl zu hängen, entdeckte ich an der Rückseite ihrer Oberschenkel und am Po einen Anflug von Orangenhaut. Doch störte mich das nicht, vielmehr erfüllte mich dieses winzige Anzeichen künftigen Verfalls ihrer Schönheit mit einem Gefühl melancholischer Zärtlichkeit.

Als sie im Bett ihren weichen, kühlen Körper an mich schmiegte, erfuhr ich einen jener seltenen Momente bedingungslosen Glücks, in denen wir uns durchaus bewusst sind, dass sie schon bald vorbei sein werden und die Banalität des Alltags uns wieder einholen wird, in denen uns unsere Probleme aber wie in einem Rausch belanglos erscheinen. Examensängste und Geldsorgen waren in weite Ferne gerückt. Inger war zugleich schüchtern und unbefangen, zärtlich und schamlos fordernd.

Jäh unterbrochen wurde unser kurzes Glück durch ein heftiges Pochen an der Zimmertür, die ich vorsorglich verschlossen hatte.

»Machen Sie sofort die Tür auf, Herr Schneider! Ich weiß, Sie haben Damenbesuch. Das ist nicht gestattet«, erklang die keifende Stimme von Frau Weisbrodt.

»Ich werde ganz bestimmt nicht aufmachen.«

»Das ist Hausfriedensbruch. Ich rufe die Polizei. Ich mache mich doch nicht wegen Kuppelei strafbar«, keifte meine Vermieterin.

»Machen Sie sich doch nicht lächerlich! Hausfriedensbruch! Kuppelei! So ein Quatsch! Und die Polizei wird sich einen Scheißdreck darum kümmern.« Mutig riskierte ich die Obdachlosigkeit.

»Ich kündige Ihnen fristlos«, kam es unter nochmaligem Poltern durch die Tür.

»Für eine fristlose Kündigung gibt es keinerlei Rechtfertigung«, brachte ich meine juristischen Kenntnisse an. »Aber keine Sorge, ich ziehe zum ersten April aus.« Damit kam zu meinen Examensnöten noch die Sorge um eine neue Unterkunft.

»Unverschämtheit …«, vor sich hin schimpfend und fauchend entfernte sich die Vermieterin von meiner Tür. Jedoch bestimmt nicht allzu weit. Jeder Zauber war verflogen.

»Lass uns irgendwohin gehen!«, sagte Inger leise. Bedrückt schlenderten wir den Kurfürstendamm hinunter, tranken an der Joachimstaler Straße einen Kaffee, aber dann wollte Inger zu ihrer Unterkunft gefahren werden. Sie habe seit mehr als vierundzwanzig Stunden nicht geschlafen und sei todmüde. Abends gingen wir zu viert essen und zogen bis zum frühen Morgen durch das Berliner Nachtleben. Ich hatte Gerrit dazu überreden können mitzukommen; er tat es nicht aus Begeisterung, sondern aus Freundschaft zu mir. Inger und ich tanzten miteinander, auch eng, und wir tauschten kleine Zärtlichkeiten, aber die frühere ungestüme Begeisterung wollte sich bei beiden nicht mehr einstellen.

Das unsägliche Zimmer in Mariendorf musste bis zwölf Uhr geräumt sein, also holte ich die beiden Mädchen um diese Zeit ab, obwohl ihr Zug erst gegen fünf vom Bahnhof Zoo abfuhr. Wieder hatte ich Gerrit überzeugen können mitzukommen. Nach dem Mittagessen bei einem Italiener bummelten wir unentschlossen und irgendwie verlegen in der Nähe des Bahnhofs herum, wo wir das Gepäck aufgegeben hatten, als wir an einem Etablissement namens »Oberbayern« vorbeikamen, aus dessen Eingang gerade ein undeutlicher Schwall Blasmusik drang.

»Da wollen wir gehen! Thats typikalisch deutsch«, begeisterte sich Siv plötzlich in ihrem eigentümlichen Idiom, das sie für Deutsch hielt. Auch Inger stimmte zu, und da wir Angst davor hatten, zwei oder drei Stunden in einem Kudamm-Café totschlagen zu müssen, ließen auch Gerrit und ich uns schnell überzeugen.

Der Laden war einem bayerischen Bierzelt nachempfunden – so mit Haxn, Radi, Weißwurst und Maßkrügen. Die lederbehoste und tirolerbehütete Trachtenkapelle spielte gerade »Warum ist es am Rhein so schön?«. Eine Hamburger Touristengruppe, die offenbar seit Stunden hier hockte und entsprechend in Stimmung war, winkte uns gut gelaunt an ihren Tisch, und ich musste mich nüchtern und deprimiert, wie ich war, bei einer mittelalten, dicken, mit einem Dirndl verkleideten Hamburgerin einhaken und mitschunkeln. Unseren Schwedinnen schien es zu gefallen, und nach einigen Bieren heiterte sich auch Gerrits und meine Stimmung etwas auf. Wir ließen uns von dem Treiben um uns herum, dem Lärm und der Musik mitreißen. Als es Zeit wurde, zum Bahnhof zu gehen, hatten die beiden Schwedenmädel bei der Kapelle gerade das Lied vom Münchner Hofbräuhaus bestellt und tanzten dazu auf dem langen gescheuerten Tisch, umgeben von einer stark angeheiterten Touristenschar, die sich um unseren Tisch gesammelt hatte. Na ja, wir mussten Abschied nehmen.

»Das war das schönste Erlebnis auf unserer Reise«, sagte Inger, die sich bei mir eingehängt hatte, weil sie leicht schwankte, auf dem kurzen Weg zum Bahnhof. Ich war sprachlos!

Wir haben uns nicht wiedergesehen.

NA GUT, ABER MACH SCHNELL

Jamie (29), Sportstudent, Aachen
über
Tine (31), Tierarzthelferin, Aachen

Etwas Abscheuliches hatte sich in meinen Traum geschlichen und näherte sich mir mit üblen Absichten. Ein Schrei erklang. Davon wachte ich auf. Schlaftrunken blickte ich mich um und musste peinlich berührt feststellen, dass ich es war, der da geschrien hatte. Das Licht ging an. Tine saß aufrecht im Bett und blinzelte mich an.

»Was ist denn los?«

»Ich hab schlecht geträumt«, murmelte ich beschämt, denn ich fühlte mich wie eine Memme.

»Böse Monster?«, Tine lachte.

»Glaube schon, sehr böse. Aber ich weiß nicht so genau.«

»Dann mach ich das Licht wieder aus. Ich muss morgen früh aufstehen. Gleich eigentlich«, seufzend blickte sie auf die Neonanzeige des Radioweckers, dann knipste sie das Licht wieder aus.

»Und jetzt komm her, ich pass auf dich auf.«

Folgsam rutschte ich auf ihre Seite des Bettes, und sie schmiegte sich an mich. Ihr Körper war warm und weich und ich hatte sofort einen Ständer. Meine Hand glitt wie ferngesteuert unter Tines Hemd und legte sich auf ihre Brust. Ich streichelte ihre Brustwarze, dann ihren Bauch. Zutraulich drückte sie sich gegen mich.

»Okay … komm her. Aber wir müssen uns beeilen.«

Das ließ ich mir nicht zweimal sagen. Ich schloss sie fester in die Arme und zog sie noch näher an mich ran. Sie streifte meine Shorts ab und nahm meinen Penis in die Hand, massierte ihn kurz und schob ihn dann zwischen ihre Beine. Ich versuchte, mich in sie zu schieben, doch sie war zu trocken. Es tat weh. Ich spuckte auf meine Finger, doch da stützte Tine sich auf den Ellenbogen. Ihre Stimme klang noch immer leicht schlaftrunken.

»Warte mal! Ich hab hier irgendwo Vaseline«, flüsterte sie. »Das geht dann viel besser!«

Mit diesen Worten – sie sind mir unvergesslich geblieben – griff sie im Dunkeln neben das Bett, zog die Nachttischschublade auf und holte etwas heraus. Ein Deckel wurde geöffnet, im nächsten Moment umfasste eine kalte, schmierige Hand meinen Schwanz, schob die Vorhaut zurück und verteilte eine kühle, glitschige Masse großzügig, indem sie einmal der Länge nach hoch- und runterglitt. Zwei Sekunden Kälte, dann durchfuhr mich ein furchtbarer Schmerz.

Ich schrie wieder, diesmal viel lauter als eben, der Schmerz war wesentlich schlimmer als das Monster. Und realer.

»Oh Gott, was ist denn los ...« Hektisch tastete Tine nach dem Lichtschalter. Fassungslos blickte ich auf die blaue Dose Wick Vaporub, die sie noch immer in der Hand hielt. Dann lief ich ins Bad. Als ich Wasser über meinen Schwanz laufen ließ, fühlte es sich an wie Säure. Das Brennen wurde immer schlimmer. Ich schrie und fluchte noch immer, so etwas Schlimmes hatte ich noch nie erlebt.

»Tut mir leid, Jamie! Da kannst du wohl nichts machen. Am besten, du wartest einfach ab. Das geht vorbei. Beruhig dich!«, sagte Tine, als ich einen Moment nach Atem rang. Sie war mir gefolgt und lehnte jetzt mit einer Packung Kleenex in der Hand an der Badezimmerwand. Ungläubige Wut ergriff mich. Wie bitte, ich sollte mich beruhigen? Mir fiel gerade fast der Schwanz ab!

Empört schnappte ich nach Luft, doch noch bevor ich mich beschweren konnte, zuckte Tine mit den Schultern und sagte: »Du tust ja so, als würde dir gleich der Schwanz abfallen! Dass ihr Männer euch immer so anstellen müsst! Ich muss jetzt jedenfalls los. ... schlaf gut.«

Sie schloss die Badezimmertür, bevor ich etwas erwidern konnte und ließ mich allein mit meinem geschwollenen Penis zurück, der noch immer wie Feuer brannte.

Bis heute weigere ich mich, irgendeine Art von Gleitmittel beim Sex zu verwenden. Vorsicht ist besser als Wick Vaporub.

ZU LAUT, ZU HEISS, ZU UNBEQUEM

Hendrik (36), Journalist, Mainz
über
Karen (37), Werbekauffrau, Mainz

Hochrot leuchtete Karens Gesicht unter mir, sie atmete schwer. Auch mir lief der Schweiß in die Augen, ein Tropfen hatte sich an meiner Nasenspitze gesammelt. Mir war noch nie im Leben so heiß … Wie lange war ich jetzt wohl schon über ihr? Ob wir wohl noch mal die Position würden tauschen können? Wenn Karen auf mir war, war es nicht ganz so anstrengend.

»Wollen wir noch mal tauschen?«, keuchte ich, nach Atem ringend.

»Wieso? Haben wir doch gerade erst!« Karens Stimme klang entrüstet. Wir schwiegen einen Moment, versuchten beide wieder zu Atem zu kommen.

»Ach, lass uns lieber aufhören, okay? Es ist einfach zu heiß.« Damit glitschte sie unter mir hervor, richtete sich auf und flüchtete unter die Dusche. Erleichtert sank ich zusammen und blieb einfach auf dem Steinboden liegen. Es war unser vorletzter Tag. Die griechische Sonne schien unbarmherzig auf die Terrasse. Sex im Freien, in der Sonne – eine reizvolle Vorstellung – doch nur solange man sich dabei nicht bewegen muss.

Karen und ich hatten gedacht, wir könnten unsere Beziehung wieder kitten, wenn wir zusammen verreisen, irgendwohin, wo es nicht viel Ablenkung gab und wir uns zehn Tage nur miteinander befassen konnten. Wir hatten ein kleines Haus in Griechenland gemietet, in einem Bergdorf. Tagsüber am Strand liegen, zweimal in der Woche in den nächstgelegenen Ort zum Einkaufen fahren, abends kochen, reden, Retsina trinken. Zeit miteinander verbringen war bitter nötig, darüber waren wir uns einig. Wir arbeiteten beide sehr viel und hatten uns in der letzten Zeit selbst an den Wochenenden nur wenig gesehen. Unser Sexleben war praktisch nicht mehr vorhanden. Hier wollten wir ansetzen, denn Sex war jahrelang eine gute Basis für unsere Beziehung gewesen, mühelos und stets erbaulich. Selbst wenn wir uns gestritten hatten, fanden wir über den Sex meist schnell wieder zusammen.

Wir waren also vor acht Tagen nach Thessaloniki geflogen, hatten dort einen Mietwagen genommen, um in unser kleines Bergdorf zu gelangen. Die Anreise war endlos und erschöpfend, Serpentinenstraßen. Karen war übel, daher durfte ich nur ganz langsam fahren. Endlich erreichten wir das Haus, das malerisch etwas abseits des Dorfs an einem Hang lag. Ein kleiner Esel war auf einer Wiese vor dem Haus angebunden und begrüßte uns mit einem langgezogenen klagenden Heulton.

»Ach, ist der niedlich«, rief Karen und lief zu ihm. Ein wenig später, nach einer frenetischen Streichelzeremonie, kam sie mit mehreren Zecken zurück. Diese sollten wir allerdings erst später entdecken. Wir gingen früh zu Bett an diesem ersten Abend, lasen noch ein paar Seiten bei geöffnetem Fenster, dann schliefen wir ein. Es war warm, doch wehte ein lauer Wind, Autan hielt die Moskitos ab und die Betten waren bequem. Mitten in der Nacht wurden wir durch das laute Gebell mehrerer Hunde geweckt. Einige Minuten lauschten wir dem Krach, der unverändert anhielt.

»Was haben die bloß? Ob die auch mal wieder aufhören?« Unwillig streckte Karen sich im Bett.

»Mondsüchtig?«, antwortete ich wenig geistreich. Aber wir waren im Urlaub, deshalb lachte sie gut gelaunt und plötzlich erinnerte ich mich wieder an unser explizites Vorhaben, das wir für diesen Urlaub besprochen hatten. Ich rückte näher an Karen ran, schloss sie in die Arme. Kurze Zeit später saß sie auf mir und wiegte sanft ihre Hüften. Wir bewegten uns rhythmisch, bis Karen plötzlich einen spitzen Schrei ausstieß. Panisch sprang sie auf und schlug im Dunkeln um sich.

»Mir ist etwas ins Gesicht gesprungen! Mach doch endlich das Licht an!« Die Nachttischlampe war an meiner Seite des Betts, ich suchte den Schalter und knipste sie an. Während Karen den Angreifer, einen großen spirreligen Grashüpfer, ausfindig machte, fiel mein Blick auf eine haarige Spinne, die auf meinem Nachttisch saß und gerade eine Motte verspeiste. Die sollte Karen besser nicht sehen. Auch die Skorpione, die flach an den Wänden klebten, sollte ich schleunigst fangen und ins Freie bringen. Wir würden morgen ein Moskitonetz besorgen müssen. Den Rest der Nacht war ich mit Insektenjagd beschäftigt.

Zwei Tage später unternahmen wir einen zweiten Versuch. Wir hatten in dem kleinen Restaurant im Dorf zu Abend gegessen und uns eine Flasche Retsina mit nach Hause genommen. Im Urlaub neige ich dazu, zu viel zu essen und so kämpfte ich schon den ganzen Abend gegen eine latente Übelkeit. Wir saßen auf der Terrasse, sprachen über Urlaubs- und Familienplanung und über unsere Freunde daheim. Diese waren durch die viele Arbeit in den letzten Wochen ebenfalls etwas ins Abseits geraten und boten daher wenig ergiebigen Gesprächsstoff. Es wurde recht spät. Als wir uns gemeinsam die Zähne putzten, betrachtete ich Karens glatten, leicht geröteten Rücken, auf dem sich deutlich die Schnüre ihres Bikinioberteils abzeichneten.

Ich trat von hinten an sie heran und schob sanft die Träger ihres Nachthemds zur Seite, so dass es nach unten glitt und ihre Brust entblößte. Ich spuckte die Zahnpasta über ihre Schulter ins Waschbecken und blieb dicht an sie gedrängt stehen. Enthemmt durch den Weißwein drückte ich Karens Oberkörper mit sanftem Druck nach vorn ins Bassin und schob mich zwischen ihre Beine.

Ich drang in sie ein und willig drückte sie sich gegen mich. Endlich, es war wie früher, so hatte ich mir unseren Sexurlaub vorgestellt ... Doch schon nach kurzer Zeit merkte ich, wie die leichte Übelkeit durch die schnelle Bewegung verstärkt wurde. Es fühlte sich an, als würde mein überfüllter Magen hin und her geschüttelt und ich hielt in der Bewegung inne. Ein vorsichtiger Seitenblick auf Karen zeigte mir, dass auch sie nicht so richtig in Stimmung war. Ich kannte sie nun seit mehr als drei Jahren und wunderte mich noch immer darüber, wie erstaunlich ungefiltert Karens Mimik ihre Stimmungen widerspiegelte.

»Alles okay?«, fragte ich.

»Na ja«, sie zögerte. »Es ist etwas hart hier und unbequem. Ich hab Sonnenbrand ...«

»Kein Problem, Schatz«, sagte ich etwas scheinheilig, gab sie frei und fühlte mich dabei ein bisschen schäbig. Dann machte ich mich beflissen auf die Suche nach Après-Lotion und Magentabletten.

Der Urlaub verlief ruhig, angenehm und leidenschaftslos. Wir lagen vormittags in Hängematten im Garten, nachmittags auf Luftmatratzen im Meer, abends gingen wir spazieren, pflückten Feigen und fütterten den Esel. Karen nahm abends Schlaftabletten, sie sagte, dass sie die Geräuschkulisse am Einschlafen hindere. »Zikaden brüllen nicht, mein Schatz!«, warf ich ein, doch konnte ich sie nicht davon abhalten. Am letzten Abend tranken wir Ouzo und sprachen über den Verlauf unseres Urlaubs, wie gut wir uns erholt hatten und wie schnell die zehn Tage vergangen waren. Auch die missglückten Annäherungsversuche scheuten wir uns nicht anzusprechen.

Konstruktiv und humorvoll natürlich stritten wir uns scherzhaft, wer denn schuld sei. Beide versuchten wir die »Schuld« auf uns zu nehmen, natürlich waren es auch die Umstände, zu laut, zu heiß, zu unbequem ...

Obwohl wir uns bemühten, leicht und locker mit dem Thema umzugehen, hatte das Gespräch doch einen bitteren oder eher schalen Nachgeschmack. Wenn man guten Sex hat, macht es Spaß darüber zu sprechen. Die fehlende Anziehungskraft, die zwischen uns herrschte, zu thematisieren, deprimierte uns, auch wenn wir beide versuchten, den freundschaftlichen Aspekt unserer Beziehung zu betonen und in den Vordergrund zu stellen.

Ein paar Wochen nach dem Urlaub haben wir uns getrennt.

EIGENTLICH MACH ICH SO
WAS JA NICHT

Maurice (25), Krankenpfleger, Bayreuth
über
Linda (ca. 45), Sozialarbeiterin, Bayreuth

Eine Nacht mit einer reifen Frau – ein Klassiker unter den sexuellen Phantasien junger Männer. Endlich wieder ein kleiner Junge sein, der sich zeigen lässt, wo es langgeht. Soweit meine Tagträume.

Linda war Sozialarbeiterin im psychologischen Dienst einer Klinik, für die ich seit einem halben Jahr als Krankenpfleger arbeitete. Was sie und ihre Kolleginnen da genau machten, ist mir nie ganz klar geworden. Die drei Damen fühlten sich wohl für Patienten wie Personal gleichermaßen zuständig; besonders Linda besaß einen ausgeprägten Helferinstinkt oder -komplex, je nachdem. Ich lernte sie ganz klassisch im Aufenthaltsraum kennen. Da sie nicht zum medizinischen Personal gehörte, musste Linda auch keine Krankenhauskleidung tragen. Und das nutzte sie aus.

Sie war vielleicht Mitte vierzig, ihr genaues Alter habe ich tatsächlich nie erfahren. Linda war die typische Ex-Schulschönheit der achtziger Jahre. Lange dunkle Locken, ausgeprägtes Kinn, kleine Nase, dichte Augenbrauen. Gabriela Sabatini oder Brooke Shields in späteren Jahren. Ihre Kleidung war elegant und bieder, Kostüm, Blusen, Perlenohrringe.

Wir fanden bald heraus, dass wir nicht weit voneinander wohnten, aber beide einen weiten Weg zur Arbeit hatten. Also nahm Linda mich an kalten Tagen oft im Wagen mit und wir lernten uns kennen. Ich glaube, anfangs kam ich für Linda genauso wenig als Partner in Frage wie sie für mich. Vorerst erschöpften sich unsere Gespräche in Klinik-Themen, aber eines Tages kurz vor Weihnachten verabredeten wir uns doch fürs Kino. Casino Royale – der neue Bond. Vielleicht lag es am nackten Daniel Craig, jedenfalls lud mich Linda im Anschluss zu sich nach Hause ein, wir hatten ja ohnehin denselben Heimweg. Plötzlich war die Stimmung anders und wir wussten beide, worum es jetzt ging. Ich war die ganze Zeit hin und her gerissen zwischen Neugier und Irritation, aber bei ihr im Badezimmer genügte mir dann ein aufmunternder Blick in den Spiegel und ich beschloss, mir diese Erfahrung besser nicht entgehen zu lassen.

Linda küsste wie ein junges Mädchen, weich und vorsichtig. Von ihrem Körper hatte sie bislang nicht viel gezeigt und da ich nur mäßig erregt war, ging ich schnell zum Ausziehen über. Das passte ihr nicht, sie wollte reden. Warum ich mitgekommen sei, ob ich sie schön fände und diese Spannung zwischen uns auch schon länger gespürt hätte, wie es jetzt weitergehen solle. Ohne unseren Altersunterschied von locker zwanzig Jahren zu erwähnen, machte Linda sich doch wohl einige Gedanken darüber. Ich gestand ihr eine monatelange Sehnsucht nach ihrem Körper und meine Begeisterung über unsere Seelenverwandtschaft. Das genügte, um Linda ins Bett zu bekommen. Aber sie blieb defensiv.

Das Licht musste aus, sie wollte nicht blasen, ich durfte nicht lecken. Während wir fickten, begann sie plötzlich übertrieben zu stöhnen und sich ekstatisch hin und her zu werfen. Sie schüttelte ihre Haare und schürzte affektiert die Lippen. Es wirkte ein wenig wie in einem Film und ich versuchte, meine Irritation zu verbergen.

Obwohl sie einen schönen Körper hatte, verhielt Linda sich, als gehörte er nicht zu ihr. Als ich kurz innehielt, um das Ende hin-

auszuzögern und einen Schluck Wasser zu trinken, ging es wieder
los: ob alles in Ordnung sei, ob es mir gefalle und dass sie so was
ja eigentlich nicht mache. Ich nickte stumm, lächelte beruhigend
und versuchte, wieder in Stimmung zu kommen. Keine Ahnung,
ob sie tatsächlich einen Orgasmus hatte, es hörte sich jedenfalls
so an. Aber diese Ungewissheit machte mir jetzt auch nichts mehr
aus.

Ich hatte ein Abenteuer, eine neue Erfahrung gewollt, die hatte
ich bekommen. Linda suchte wohl nach Antworten, die ich nicht
liefern konnte.

SCHWARZKOPF & SCHWARZKOPF

SCHLECHTER SEX

DER SPIEGEL-BESTSELLER VON MIA MING! 33 FRAUEN BERICHTEN ÜBER
IHRE LUSTIGSTEN, PEINLICHSTEN & ABSURDESTEN ERLEBNISSE

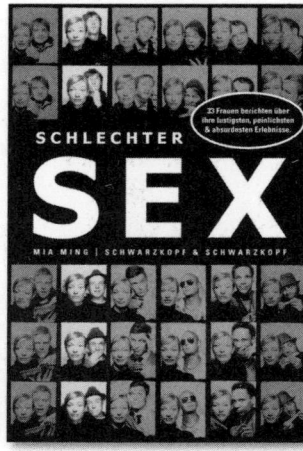

»Mit ihrem ersten Buch lehrt Mia Ming die Männer das Fürchten. Denn in SCHLECHTER SEX hat sie Geschichten über das gesammelt, worüber man eigentlich nicht spricht. Bekannte und Freundinnen haben ihr die schlimmsten, peinlichsten und lustigsten Erlebnisse erzählt.«
BZ

MIA MING
SCHLECHTER SEX
33 FRAUEN BERICHTEN ÜBER
IHRE LUSTIGSTEN, PEINLICHSTEN
& ABSURDESTEN ERLEBNISSE
200 Seiten, Taschenbuch
ISBN 978-3-89602-814-3
9,90 EUR (D)
BEREITS IN DER DRITTEN AUFLAGE!

In »Schlechter Sex« schildern Frauen 33 sexuelle Begegnungen, die ihnen leider unvergesslich geblieben sind. Sie erzählen von den kleinen und großen Dramen, die sich aus einer spontanen gemeinsamen Nacht entwickeln können. Von Stellungsfehlern, grotesken Fantasien und absurden Leidenschaften, von Macht- und Minderwertigkeitskomplexen, von Traumwelten und frustrierenden Realitäten.

»Die Berliner Autorin Mia Ming hat mit ihrem Erzählband ›Schlechter Sex‹, in dem Frauen mit schlechten Liebhabern abrechnen, einen Bestseller gelandet.«
Focus

»Das sind sie, die kleinen und großen Dramen des Liebeslebens. Es ist gut zu wissen, dass andere ähnlich groteske Erfahrungen gemacht haben und dass man die ruhig mit Humor nehmen darf. Schlechter Sex ist wirklich keine Seltenheit. Und da in Mia Mings These von den ›schuldigen‹ Männern vielleicht sogar ein Körnchen Wahrheit steckt, sollten diese auch einen Blick in das Buch werfen.« freundin.de

»Für guten Sex wurden schon viele Kriege geführt. Doch über die Kehrseite der Medaille wird nicht so gern gesprochen. Die Autorin bricht genussvoll dieses Tabu und lässt 33 Frauen aus dem Bett-Nähkästchen plaudern.«
in – Das Starmagazin

»Die Autorin Mia Ming hat 33 unvergessliche Bett-Katastrophen versammelt – Geschichten von Inkompetenz bis Unfähigkeit.«
Hamburger Abendblatt

WWW.SCHWARZKOPF-SCHWARZKOPF.DE

SCHWARZKOPF & SCHWARZKOPF

111 GRÜNDE, FRAUEN ZU LIEBEN

EINE WUNDERBARE LIEBESERKLÄRUNG AN DAS SCHÖNE GESCHLECHT
GESCHRIEBEN MIT CHARME, WITZ UND WEISHEIT

111 Gründe,
Frauen zu lieben

Ein Lobgesang auf
das schöne Geschlecht

Von Richard Christian Kähler

Schwarzkopf & Schwarzkopf

»Der Autor Richard Christian Kähler hat in 111 knappen und kurzweiligen Kapiteln eine einzige Ode an das weibliche Geschlecht verfasst. 111 sehr realitätsnahe, sehr heutige Gründe, Frauen zu lieben. Und man kann eigene Gründe finden. Anlass gibt es genug.«
Badische Neueste Nachrichten

RICHARD CHRISTIAN KÄHLER
111 GRÜNDE, FRAUEN ZU LIEBEN
EIN LOBGESANG AUF
DAS SCHÖNE GESCHLECHT
200 Seiten, Taschenbuch
ISBN 978-389602-807-5
9,90 EUR (D)
DAS ULTIMATIVE GESCHENKBUCH!

»»Männer kann man analysieren, Frauen … nur bewundern‹, wusste schon Oscar Wilde. Richard Christian Kähler kann dem nur beipflichten und bewundert, was das Zeug hält: weil Frauen beim Tanzen so aufregend sind, weil sie die beste Laune der Welt haben oder einfach fragen, wenn sie etwas nicht wissen … Gründe, um Frauen zu verehren, findet Kähler genug. Diese verpackt er humorvoll in anschauliche kurze Kapitel.« Hörzu

»Hübsch? Nein. Keck? Auch nicht. ›Es musste etwas ganz anderes gewesen sein, was mich diesen nur sekundenlangen Moment zwischen uns nie hat vergessen lassen.‹ Da war der Autor gerade mal 10 Jahre alt und das damals kleine Mädchen hat er nie wieder gesehen. Gut so, vermutlich hätte er sich sonst nie auf diesen Moment besonnen und nie wären ihm stattliche 111 Gründe, hübsch in kurzen Kapiteln verpackt eingefallen, warum Frauen eben einfach liebenswert sind. Eine bezaubernde Liebeserklärung ans weibliche Geschlecht, bei der nicht vergessen wird zu erwähnen, ›was für wunderbare Menschen ja auch wir Männer sind‹ – na Gott sei Dank!« literature.de

»Jeder einzelne Grund klingt wie eine Liebeserklärung und wird mit Kählers eigenen Erfahrungen untermauert. Dazu gibt es Sprüche und Aphorismen – ein leichter, höchst amüsanter Lesegenuss.« melodie & rhythmus

»Richard Kähler stimmt in seinem Büchlein einen Lobgesang auf das schöne Geschlecht an.« BZ

WWW.SCHWARZKOPF-SCHWARZKOPF.DE

SCHWARZKOPF & SCHWARZKOPF

WIE FRAUEN TICKEN

ÜBER 100 FAKTEN, DIE AUS JEDEM MANN EINEN FRAUENVERSTEHER MACHEN
DIE ERWEITERTE SONDERAUSGABE DES BESTSELLERS!

»Kurz, praktisch und präzise ist hier zusammengefasst, wie sich Frauen wünschen, von den Männern behandelt zu werden. Das Buch erklärt, was sich hinter so manch einer Äußerung einer Frau versteckt und wie man den weiblichen Code entschlüsseln kann.« Top-Magazin

HAUKE BROST &
MARIE THERES KROETZ-RELIN
WIE FRAUEN TICKEN
ÜBER 100 FAKTEN,
DIE AUS JEDEM MANN EINEN
FRAUENVERSTEHER MACHEN
312 Seiten, Broschur
ISBN 978-3-89602-812-9
12,90 EUR (D)

»Vielschichtig, widersprüchlich, geheimnisvoll und komplex« – so stellt sich für viele Männer das Mysterium »Frau« dar. Hauke Brost hat sich zusammen mit Co-Autorin Marie Theres Kroetz-Relin aufgemacht, die fremde Galaxie »Frau« äußerst amüsant zu erkunden. Die erweiterte Neuausgabe enthält den Sonderteil von Hauke Brost »Wie Frauen ticken – und wie wir Männer darüber denken«.

»Was Männer schon immer wissen wollten und nie begriffen haben. Jetzt wird das Rätsel ›Frau‹ gelöst!« BILD

»Es ist viel Wahres dran an diesem Buch, obwohl man als Leserin nicht glauben möchte, dass man genetisch bedingt so ein widersprüchliches Wesen sein soll.« WAZ

»Einfach die aufschlussreichsten Passagen mit einem Post-It versehen und dem Liebsten hinterlegen – damit er Sie jeden Tag ein bisschen besser versteht.« Petra

»In Co-Arbeit mit Hauke Brost schildert Marie Theres Kroetz-Relin unter anderem, wie gut Frauen eigentlich durchs Leben kommen, den Alltag meistern – und ihre Gedanken zu Psyche und Sex.« Woman Österreich

»Das Buch ist eine Liebeserklärung an Frauen, so wie sein Vorgänger den Männern freundschaftlich auf die Schulter klopft.« Neue Rhein Zeitung

»Ehrlich, schamlos und direkt«
Coburger Tageblatt

WWW.SCHWARZKOPF-SCHWARZKOPF.DE

SCHWARZKOPF & SCHWARZKOPF

WIE MÄNNER TICKEN

**ÜBER 150 FAKTEN, DIE AUS JEDER FRAU EINE MÄNNERVERSTEHERIN MACHEN
DIE ERWEITERTE SONDERAUSGABE DES BESTSELLERS!**

»Ein absolut großes Lesevergnügen und auch wenn es in erster Linie für Frauen geschrieben ist, sollten die Männer es durchaus auch mal in die Hand nehmen. Das Buch darf und sollte in keinem Haushalt fehlen und eignet sich auch prima zum Verschenken!«   musicheadquarter.de

HAUKE BROST
WIE MÄNNER TICKEN
ÜBER 150 FAKTEN,
DIE AUS JEDER FRAU EINE
MÄNNERVERSTEHERIN MACHEN
288 Seiten, Broschur
ISBN 978-3-89602-754-2
12,90 EUR (D)

»Falls jemand eine Frau kennt: Sie sollte das lesen. Sie erfährt, warum ihre letzte Partnerschaft den Bach runter ging und wie sie die nächste retten kann. Was Männer im Keller machen und was sie mit ihren Kumpels besprechen. Warum sie an manchen Sachen unglaublich hängen und warum sie niemals zuhören. Wie man mit ihnen shoppen kann und was sie wirklich gerne essen. Warum sie manchmal zu viel trinken und wann sie garantiert weinen müssen.«   *Hauke Brost*

»Was wirklich hinter typischen Männermacken steckt und wie Frauen sie besser verstehen können.«   *Freundin*

»Partnerschafts-Experte Hauke Brost hat sich aufgemacht, den Mann zu ergründen. Wie man die Lernfähigkeit des Mannes aktiviert, lesen Sie in seinem neuen Buch ›Wie Männer ticken‹.«   *Frau im Spiegel*

»Brost kennt sich aus: Alles, was Sie über den Mann als solchen (und Ihren eigenen im Speziellen) schon mal wissen wollten, steht angenehm bissig und politisch unkorrekt schwarz auf weiß.«   *Petra*

»Denken Kerle wirklich nur an das eine? Autor Hauke Brost beantwortet in seinem Ratgeber über 100 Fragen, die sich jede Frau schon mal gestellt hat.«   *Frau von Heute*

»Ein absolut großes Lesevergnügen. Das Buch darf und sollte in keinem Haushalt fehlen!«   *musicheadquarter.de*

WWW.SCHWARZKOPF-SCHWARZKOPF.DE

DIE AUTORIN

Mia Ming wurde 1977 im Rheinland geboren. Ihre Eltern wünschten sich eine erfolgreiche Anwältin und aufopfernde Ehefrau mit zwei Kindern und Reihenhaus in Bad Godesberg. Sie bekamen eine kettenrauchende Nachtschwärmerin von zweifelhafter Moral mit zwielichtigen Freunden, wechselnden Liebschaften und einer WG im Prenzlauer Berg. Wir sind darüber sehr froh.

Nach ihrem Studium der Literaturwissenschaften und Kunstgeschichte arbeitete sie 5 Jahre als Lektorin in einem Verlag. Sie kennt viele Leute, hat kaum Feinde und nie Probleme mit Türstehern. Tagsüber schläft sie, nachts schreibt sie oder läuft auf der Suche nach neuen Abenteuern durch die Straßen Berlins. Viele Menschen finden sie seltsam, manche halten sie für gefährlich, aber keiner kann besser zuhören, da sind sich alle einig. Ob Lesung, Vernissage oder Club – Mia Ming ist stets ganz Ohr, wenn der Smalltalk in ein Flüstern übergeht …

Ihr erstes Buch »Schlechter Sex wurde zu einem SPIEGEL-Bestseller. In Band 2 kommen jetzt die Jungs zu Wort.

Mia Ming
SCHLECHTER SEX 2
33 Männer berichten über ihre lustigsten,
peinlichsten & absurdesten Erlebnisse
ISBN 978-3-89602-849-5

1. Auflage Oktober 2008
2. Auflage November 2008

© bei Schwarzkopf & Schwarzkopf Verlag GmbH, Berlin 2008. Alle Rechte vorbehalten. Dieses Werk ist urheberrechtlich geschützt. Jede Verwendung, die über den Rahmen des Zitatrechtes bei korrekter vollständiger Quellenangabe hinausgeht, ist honorarpflichtig und bedarf der schriftlichen Genehmigung des Verlages.

KATALOG

Wir senden Ihnen gern kostenlos unseren Katalog
Schwarzkopf & Schwarzkopf Verlag GmbH / Abt. Service
Kastanienallee 32 | 10435 Berlin
Telefon: 030 – 44 33 63 00 | Fax: 030 – 44 33 63 044

INTERNET | E-MAIL

www.schwarzkopf-schwarzkopf.de
info@schwarzkopf-schwarzkopf.de